青少年演讲高手

做一个敢表达、会说话、不怯场的孩子

航乐——著

中国妇女出版社

图书在版编目（CIP）数据

青少年演讲高手 ：做一个敢表达、会说话、不怯场的孩子 / 航乐著. -- 北京 ：中国妇女出版社，2025. 5. -- ISBN 978-7-5127-2487-7

Ⅰ. H019-49

中国国家版本馆CIP数据核字第2025XS4895号

责任编辑：王海峰
封面设计：末末美书
责任印制：李志国

出版发行：中国妇女出版社
地　　址：北京市东城区史家胡同甲24号　　邮政编码：100010
电　　话：（010）65133160（发行部）　　65133161（邮购）
网　　址：www.womenbooks.cn
邮　　箱：zgfncbs@womenbooks.cn
法律顾问：北京市道可特律师事务所
经　　销：各地新华书店
印　　刷：小森印刷（北京）有限公司

开　　本：150mm × 215mm　1/16
印　　张：12.75
字　　数：120千字
版　　次：2025年5月第1版　　2025年5月第1次印刷
定　　价：49.80元

如有印装错误，请与发行部联系

推　荐

在当今这个信息飞速流转、人际交流日益频繁的时代，出色的表达能力已然成为青少年成长路上不可或缺的关键技能。当翻开航乐老师这本倾心之作，我内心满是欣喜与感慨。作为航乐多年的挚友，我见证了他在语言艺术领域的不懈耕耘与成就。

航乐老师凭借十余年丰富的主持与教学经验，深切洞察到演讲对于青少年的深远意义。他深知，演讲是青少年表达自我、传递心声的有力武器，能让他们将内心的想法、梦想清晰地展现在众人面前，收获理解与支持。演讲更是磨砺思维、培养创新能力的重要方式，在准备演讲的过程中，深度思考与逻辑构建，能为青少年的未来发展注入源源不断的动力。同时，演讲也是培育领导才能的关键途径，可以助力青少年在各类活动与未来生活中脱颖而出。

亲爱的青少年朋友，愿你们以这本书为起点，勇敢踏上演讲征程，愿演讲成为你们展现自我的舞台，愿你们用声音传递力量，用语言书写青春。

——中央民族乐团箜篌演奏家　吴琳

文字是有力量的。演讲能把纸面上的文字变成生动的语言，相比文字更加有力量。

今天我要给大家推荐一本特别适合青少年朋友的说话宝典，航乐老师的新书《青少年演讲高手——做一个敢表达、会说话、不怯场的孩子》。

作为航乐多年的朋友，这些年，我见证了他在语言艺术领域的逐光之旅，其中的热爱与付出，旁人难以尽知。为了一场主持，他常常逐字逐句地雕琢演讲稿，每一个重音、每一处停顿都会反复斟酌。一个细微的表情、一个不经意的手势，他都力求尽善尽美，就是为了能在舞台上呈现最好的状态。现在，他将自己所学全部写进了这本书里。从基础的准备工作，到实用的技巧，再到表达和互动的精妙方法，本书一应俱全。

各位爱说话、想说话、渴望好好说话的小伙伴，你们心里那些蓬勃的念头、滚烫的理想，都值得被世界好好听见。

翻开这本诚意满满的书，你会发现演讲不是说教，而是信念的传递。跟随航乐老师的指引一步步探索，你收获的不只是演讲技巧，更是一份对语言艺术的热爱与执着，这会让你在演讲的道路上不断前行。

如果你也向往在舞台上自信发声，感染他人，传递温暖、梦想与希望，那么翻开这本书吧，你会找到属于自己的力量！

——青春文学畅销书作家　玄色

演讲不是单纯而机械的表达，而是人类思维和思想的外化。作为语言表达的最高形式之一，演讲具有练习口头表达能力、培养思考深度、锻炼逻辑思维、提高自信心的重要功能，对个人成长和社会交往等都具有关键作用。

航乐作为在电视、广播及新媒体领域耕耘十余年的主持人，通过大量主持实践，积累了丰富的语言表达能力，与演讲理论知识和方法技巧。

本书为青少年开启了一扇语言表达的精彩之门，不仅提供了演讲的基本知识，还通过大量实践案例生动解析演讲技巧。也就是说，这既是一本演讲入门工具书，又是一本有助于综合素养提升的指导读物。在日常生活和工作中，每个人都离不开交流和表达。想成为一个更好的表达者，需要始终保持对语言的敏感感知和精准表达，此书可以教会青少年在不同场合做出出色的演讲与表达，做一个能言善辩者。

——《文化月刊》主编　李克亮

亲爱的青少年朋友，非常荣幸地向大家推荐一本专为你们打造的演讲指南——《青少年演讲高手——做一个敢表达、会说话、不怯场的孩子》，本书由航乐老师倾情撰写。航乐老师是一位在语言艺术领域深耕多年的专业主持人，他以对语言的热爱和追求完美的态度，为我们带来了这本十分全面的演讲教程。

在书中，从演讲的基础准备，到实用技巧，再到如何与观众进行有效互动，他都提供了详尽的指导。对于希望在舞台上自信表达、用语言的力量感染他人的青少年，这本书无疑是一个绝佳的选择。

航乐老师以丰富的案例和切实可行的建议，帮助大家在演讲中寻找自己的声音，培养自信与表达能力。翻开这本书，你将跟随航乐老师的步伐，踏上一段充满挑战与收获的语言探索之旅。

让我们一起在演讲中发现自我，在演讲的舞台上展现青春的光彩。希望这本书能成为你演讲道路上的良师益友，帮助你在未来的舞台上大放异彩。

——古琴演奏家、浙江大学哲学博士　李令晨

亲爱的青少年朋友，在这个表达即力量的时代，演说力不是天赋，而是每个人都能点亮的光。本书作者沉淀十余年主持与教学经验，将演讲拆解为可触摸的成长阶梯。在书中，你会读到：如何把零散的想法凝练成打动人心的

逻辑，如何将紧张转化为真诚表达的能量，以及如何在课堂发言、社团竞选甚至未来职场中，让语言成为你连接世界的桥梁。

书中没有空洞的理论，尽是真实的案例和具体的场景。演讲的本质是思考的提纯。当你学会用三分钟说清自己的观点时，你收获的不仅是掌声，更是梳理纷乱思绪的能力。这本书像一位耐心的教练，不教你背诵华丽的辞藻，而是带你打磨思维内核。

愿你在字里行间，遇见那个更有力量、更敢表达的自己。从现在开始，让世界听见你的声音。

——古典吉他演奏家、上海音乐学院副教授　刘宪绩

自 序

亲爱的青少年朋友，大家好！撰写这本关于演讲的书，我是经过深思熟虑与反复考量的。10余年的主持与教学经历，让我深刻地认识到，在新媒体蓬勃发展的当下，出色的语言表达能力已成为一种至关重要的技能。它犹如我们前进道路上的强劲助推器，可以助力我们更好地成长。

演讲，对于青少年来说，重要性清晰可见。

其一，演讲训练是青少年进行自我表达的强大工具。

通过演讲，我们能够将内心的想法、真切的感受以及美好的梦想，清晰而准确地传达给他人，进而获得理解、认同与支持。

其二，演讲训练对提升青少年的思维能力有显著的促进作用。

在准备演讲的过程中，我们需要对主题进行深入思考、细致分析，更要精心组织语言。这不仅能够锻炼我们的逻辑思维，还能培养我们的创新思维。思维能力的提升，必将对我们的学习、生活以及未来的职业发展产生深远而持久的影响。

其三，演讲训练是培养青少年领导能力的重要途径。

一个优秀的领导者，不仅要具备卓越的决策能力与强大的执行能力，更要有良好的沟通和表达能力。在学校的班级活动、社团组织中，以及未来的职业生涯，这种领导能力都是我们的巨大优势。

随着经济全球化的加速推进和信息技术的飞速发展，人与人之间的交流与合作愈发频繁。从小培养演说能力，无疑可为青少年未来的发展筑牢坚实的基础。演说能力能够帮助青少年更好地适应未来社会的发展，成为具有创新精神与实践能力的高素质人才。

在这本书中，我将从演讲的基础知识着手，为大家详细介绍演讲的概念、准备、技巧、表达、互动等各方面的内容。我会通过大量生动的案例分析和切实可行的建议，帮助青少年读者牢牢掌握演讲的要领，有效提高演讲能力。

同时，演讲是一门综合艺术，我们需要不断地学习与实践。我坚信，只要有决心与毅力，你一定能够成为一名优秀的演讲者。

最后，我衷心期望这本书能够成为广大青少年读者的良师益友，希望它可以激发青少年读者对演讲的热爱之情，帮助青少年读者提高演讲能力，培养自信、勇敢、创新等优秀品质。

现在，让我们一同翻开这本书，踏上精彩的演讲之路，用声音传递力量，书写青春华章。

我相信，在未来的日子里，凭借出色的演讲能力，你必定能在人生舞台上绽放绚烂夺目的光彩，为国家的繁荣发展贡献自己的力量。

航　乐

2025 年 2 月

目录

PART1
一起走进演讲艺术的神奇世界

演讲是怎么来的 ♫ 003

演讲是怎么回事 ♫ 005

演讲的定义 ♫ 005

演讲的特征 ♫ 006

如何练就好口才 ♫ 010

语言就是力量 ♫ 010

如何练就好口才 ♫ 011

PART2

演讲基础技巧训练

无比重要的气息训练 017

气息稳定性练习 017

强控制、弱控制练习 018

膈肌弹发训练 019

声音弹性训练 023

什么是声音的弹性 023

共鸣控制训练 029

什么是共鸣 029

PART3

演讲的根在于好素材的积累

巧妇难为无米之炊，好素材就在身边 ♫ 041

最能打动人心的好故事 ♫ 047

紧扣主题的故事 ♫ 047

贴近生活，能让观众产生情感共鸣的故事 ♫ 048

简洁易懂的故事 ♫ 048

如何讲好一个故事 ♫ 049

设置悬念，激发观众好奇 ♫ 049

时刻牢记 5 个“W”，交代清楚故事五要素 ♫ 049

以情动人，实现“三情合一” ♫ 050

从感觉出发 ♫ 050

巧妙运用倒叙手法 ♫ 050

巧妙设置“矛盾”与“戏剧冲突” ♫ 051

可以试着分享自己的故事 ♫ 051

用声音再现情景，让观众如临现场 ♫ 056

何为情景再现 ♫ 056

怎样实现情景再现 ♫ 057

为演讲起一个“令人难忘”的名字 ♫ 062

提炼演讲主题 ♫ 062

运用修辞手法 ♫ 063

运用逆向求异思维 ♫ 063

设置悬念 ♫ 063

直抒胸臆 ♫ 064

PART4

一场好的演讲需要做哪些准备

了解观众——知己知彼，百战不殆 ♫ 069

为观众画像 ♫ 070

观众的人数 ♫ 070

观众的特征 ♫ 070

观众的心理 ♫ 071

关键 3 步，助你完成一场精彩的演讲 ♫ 073

步骤一：预想目标 ♫ 073

步骤二：找到能与观众产生连接的内容 ♫ 073

步骤三：列出演讲要点 ♫ 074

一上台就紧张？ 4 个技巧让你不再怯场 ♫ 078

方法一：将注意力集中在演讲上 ♫ 078

方法二：刻苦练习 ♫ 079

方法三：给自己积极的心理暗示 ♫ 080

方法四：通过深呼吸调节紧张情绪 ♫ 080

目中无人，心中有人，演讲讲究“对象感”♫ 081

PART5

如何用语言搭建演讲的“摩天大厦”

演讲的结构 ♫ 089

巧妙开场，瞬间吸引观众 ♫ 090

巧妙提问 ♫ 090

设置悬念 ♫ 091

使用强烈反差、对比引出自己的观点 ♫ 091

运用强大的统计数据 ♫ 091

运用想象 ♫ 092

讲述故事 ♫ 092

触景生情 ♫ 092

设计演讲主体，引领观众“发掘”你的演讲 ♫ 095

确定独特而鲜明的主题 ♫ 095

选择极具说服力的内容 ♫ 096

演讲层次要分明、清晰 ♫ 096

精心设计高潮环节 ♫ 096

演讲高潮的设置 ♫ 097

深邃的能够启迪思考的思想 ♫ 097

幽默风趣的语言 ♫ 097

生动感人的故事 ♫ 098

演讲的语言 ♫ 099

演讲语言的口语性 ♫ 099

演讲语言的思想性 ♫ 099

演讲语言的鼓动性 ♫ 100

演讲语言的临场性 ♫ 100

演讲语言的声传性 ♫ 100

演讲语言的完整性 ♫ 101

为演讲画一个圆满的句号 ♫ 105

设计演讲结构图 ♫ 107

巧用节奏，打造充满魅力的演讲舞台 ♫ 112

停连 ♫ 113

重音 ♫ 114

PART6

打造完美演讲，我的舞台我做主

用好态势语，演绎无声魅力 ♫ 129

态势语的概念 ♫ 130

演讲中的体态 ♫ 130

演讲中的面部表情 ♫ 131

演讲时的手势 ♫ 131

演讲的着装 ♫ 132

巧用“道具”，为演讲增添效果 ♫ 139

演讲时如何使用 PPT ♫ 140

演讲时背景音乐的使用 ♫ 141

修炼演讲风格，绽放个人魅力 ♫ 143
沉稳型风格 ♫ 143
激昂型风格 ♫ 144
幽默型风格 ♫ 144
自信表达，我的舞台我做主 ♫ 154
第一印象 ♫ 154
进入角色 ♫ 155
演讲高潮的设置 ♫ 156
完美的结尾 ♫ 157
后记 ♫ 160
附录：适合青少年的演讲主题 ♫ 161

PART1

一起走进演讲艺术的神奇世界

演讲是怎么来的

演讲是一门既古老又年轻的学问。在我们国家，演讲的历史可以追溯到远古时期，它是随着口语的出现而出现的。有文字记载，我国历史上第一位演讲家是殷商时期的盘庚。春秋和战国时期涌现出一批辩士、谋臣，当时的孔子、孟子、苏秦等人都是了不起的演说家。

我国古代文献中，很早就出现“演说”一词。演说这个词，跟我们现在所说的演讲是一个意思。那个时候，演说就是阐释、解说的意思。后来，演说这个词慢慢地发生了变化，从一个简单的词，变成了一种活动、一种表达方式。

在遥远的欧洲，演讲的历史可以追溯到古希腊、古罗马时期。古希腊是欧洲演讲的萌芽之地。公元前 8 世纪至公元前 6 世纪，也即古希腊城邦时期，经常举办演讲、音乐和体育方面的竞赛。据说，那时最常见的演讲有三类，分别是辩论性演讲、评议性演讲和表演性演讲。当然，对演讲艺术发展贡献最大的是柏拉图和亚里士多德。

今天，演讲已经深入我们日常生活的方方面面，比如社会交往、学术交流、商务沟通、文化活动等。良好的语言表达能力，甚至已经成为我们必须具备的一种生存技能。它就像一个强大的助推器，可以帮助我们更好地成长、进步。

想象一下，我们站在舞台上自信满满地演讲，身上散发的光芒简直能照亮整个世界。所以，让我们一起努力，学好演讲，我们将飞得更高、更远。

TIPS

演讲名人堂

亚里士多德可以说是第一个对演讲理论做深入分析与研究的理论家。他认为，在演讲中，说服他人的三大要素是逻辑、伦理与情感。

演讲是怎么回事

演讲的定义

我们正处在一个伟大的时代，社会经济蓬勃发展，文化艺术璀璨夺目，科学技术日新月异。在这时代的浪潮之中，每一个青少年都应不断提升自己的演讲能力与口语表达能力。

那么，究竟什么是演讲呢？古今中外，关于演讲的定义可谓众说纷纭。毋庸置疑的是，演讲既是一种工具，也是一门艺术，更是一门科学。

演讲，又称演说或讲演。通常来讲，演讲是指表达者在特定的情境及时空之下，借助以有声语言为主、态势语言为辅的艺术手段，针对某一社会现实问题，面向广大观众表达自己的观点、抒发自己的情感，进而达到感召观众并促使他们采取行动之目的的一种现实的信息交流活动。

演讲的特征

从上述概念中，我们不难看出，演讲与口头语言和书面语言相比有着不同的特点与作用。那么，演讲有哪些特征呢？

综合性

演讲既要“演”又要“讲”，但以“讲”为主，以“演”为辅。这里所说的“演”，其含义不同于演员的“表演”，更应理解为“演绎”。在演讲过程中，“讲”是关键，演讲者可以将自己的思想、观念、情感流畅地表达出来，再通过态势语言加以一定的演绎，从而达到晓之以理、动之以情、导之以行的目的。

同时，演讲也是“说”和“写”的结合。一方面，演讲者要像说话一样自然流畅地表达，不能过于生硬。另一方面，演讲者也需要像写作时一样有逻辑、有条理地组织内容。所以，演讲是一门综合艺术。

艺术性

演讲者在表达时，可以借鉴播音、朗诵、表演、主持、评书等多种有声语言艺术形式的表达技巧和方法。这些不同的艺术形式有各自独特的魅力和优势，演讲者将它们有机、自然、和谐地统一起来，为自己的演讲服务，能使演讲具备丰富的表现力和说服力。

需要注意的是，在运用这些技巧时，要给观众以艺术层面的美感，这样你的演讲才更具魅力。也就是说，要根据演讲的主题、目的和受众，恰到好处地运用这些技巧，让它们为演讲增光添彩。

群众性

演讲是一项综合性、群众性很强的社会实践活动，往往表现为一个人讲，多个人听。所以，从广义上来说，竞选发言、讲课、会议发言、汇报工作等都可以称为演讲。

随着信息技术的快速发展，演讲的平台也越来越多样化。我们可以通过互联网搭建的各种平台进行演讲，演讲的受众甚至可以达到上亿人次。这使得演讲的群众性更加突出，影响力更大。

例如，一位老师在课堂上讲课，这就是一种演讲。他要向学生传授知识、表达观点，激发学生思考，学生则是观众。再如，一位企业家在产品发布会上介绍新产品，这也是一种演讲。他要向消费者、合作伙伴、媒体等展示产品的特点和优势，吸引更多人关注和购买。可见，演讲真的是无处不在。

鼓舞性

演讲者在表达观点、讲述故事时往往希望感召观众并促使其采取一定行动，所以演讲具有一定的鼓舞性。演讲者想通过自己的语言、情感和行动，激发观众的热情、信心和勇气，让他们产生共鸣，从而采取积极的行动。

临场性

演讲通常是一种口语表达活动，而非照本宣科背稿子。演讲者会根据现场的情况和观众的反馈，对演讲的内容、结构、语言等做适当的调整。所以，演讲具备一定的临场性。

TIPS

演讲名人堂

演讲是人人都有的一种潜在能力，问题在于我们是否能发现、发展和好好利用这种天资。一个人能站出来当众讲话是迈向成功的关键一步。

——戴尔·卡耐基

如何练就好口才

语言就是力量

在对演讲的来源、概念和特征有了一定了解之后，我们能够明显察觉到，演讲可谓随处可见。对青少年来讲也是如此，无论是在课堂上回答问题还是与亲朋好友交流沟通，无论是竞选班级干部还是参加辩论比赛，都离不开演讲。

法国文学家雨果曾说："语言就是力量。"演讲的力量确实是无穷无尽的。比如，它一方面能够帮我们争取到工作机会，另一方面可以助力我们树立良好的个人形象，充分展示自身的才华。此外，演讲还能帮助我们传播知识和信息，更好地服务社会。

那么，如何才能练就好口才呢？

如何练就好口才

仅仅掌握理论知识是远远不够的，演讲口才实际上是一项技能，如同游泳、驾驶汽车等一样，我们需要勤奋学习、刻苦训练。

演讲家并非天生，优秀的演讲技能需要经过长年累月的实践才能练就。一个优秀的演讲者在舞台上展现出的卓越风采，绝非一蹴而就，“台上一分钟，台下十年功”。

勤学多思

优秀的演讲家都是以渊博的学识和丰富的阅历为基石的，就像“问渠那得清如许？为有源头活水来”说的一样。

青少年应借助各类媒介学习知识，充实自己的思想宝库。同时，也要多多练习演讲技巧，如声音、气息、动作、表情等。这些内容我在后面的章节会一一为大家介绍。

广泛阅读

演讲是一门综合艺术，好的演讲需要大量素材作支撑。这就要求我们多看、多听、多阅读。

可以通过书籍、广播、电视、报纸、杂志、互联网等来吸取知识。同时，我们要做一个热爱生活的人，认真仔细地观察生活，观察与演讲相关的事物，并将相关素材整理加工好后存储在自己的脑海里。

刻苦训练

“宝剑锋从磨砺出，梅花香自苦寒来”，好的口才是从勤奋学习和刻苦练习中得来的。舞台上的自信离不开生活中一遍又一遍的练习和积累。

你准备好了吗？演讲艺术世界宛如一座璀璨的宝藏宫殿，等待我们去探索、去发掘。我们一旦踏入这个充满魅力的世界，就仿佛开启了一场奇妙的冒险之旅。

让我们一同开启属于自己的演讲之旅，去追寻那无尽的知识与成长，去拥抱那灿烂的未来与希望。

TIPS

演讲名人堂

演讲的力量在于能够激发人们的潜能，引领人们走向更高的境界。

——马丁·路德·金

PART2

演讲基础技巧训练

无比重要的气息训练

在进行表达时，演讲者的声音能够烘托演讲气氛，更好地表达演讲内容。有人说，人的发声系统仿佛一件美妙的乐器，每个人都可以通过科学系统的练习，找到属于自己最美好的声音。针对音色、音域、语速等进行科学训练，演讲者可以让自己的声音更加优美动听，紧紧抓住观众的耳朵，引领他们沉浸在演讲世界之中。

演讲过程中，气息尤为重要。声音的强弱、高低、长短，共鸣的运用，呼吸的速度、流量、密度，都和演讲有直接关系。一般而言，科学的呼吸是这样的：吸得多、吸得快，呼得省、呼得匀、呼得慢。

可以通过以下方法进行呼吸训练。

气息稳定性练习

可以试着想象这样一个画面：

扫二维码
听老师示范

你正处在一个美丽的花园中，周围满是芬芳的花朵。你轻轻地吸一口气，就好像在慢慢地把花香吸进身体里，然后再缓缓地呼气，并在心里默默地数“1、2、3……”。试试看，你能数到多少。

也可以尝试发单元音，比如“a”，并把声音拖得长长的，感受气息在身体里流动。

这样的练习可以帮助你更好地掌握呼吸的节奏，让你在演讲的时候气息更加稳定，声音更加动听。

强控制、弱控制练习

强控制训练，比如，反复弹发“hei–ha–hou”，即用力发这几个音，可以强化对于发音的控制力度，锻炼气息的爆发力和稳定性。

扫二维码
听老师示范

弱控制训练，比如，读“花红柳

绿”时将每个字都夸张地读出来，并且延长发音的时间，可以增强对声音的把控。

膈肌弹发训练

什么是弹发？比如，深吸一口气后，发一个坚实有力的“hei”音。注意，膈肌的弹动与发音要协调。

在单音训练稳定后，可以连续弹发“hei”音，连发 2 个、3 个、4 个、5 个，甚至更多。

在连续弹发时，要注意给气力量均匀，音量、音高、音色保持一致。

扫 二 维 码
听老师示范

这样的训练方式能够有效提升对于气息的控制和发音的稳定性。

演讲训练营·绕口令

白石塔

白石塔，白石搭，

白石搭石塔，白塔白石搭。

搭好白石塔，白塔白又大。

一匹布一瓶醋

肩背一匹布，手提一瓶醋，

走了一里路，看见一只兔。

卸下布，放下醋，去捉兔。

跑了兔，丢了布，洒了醋。

二人山前来比眼

山前住的颜圆眼，

山后住的颜眼圆，

二人山前来比眼。

不知是颜圆眼比颜眼圆的眼圆，

还是颜眼圆比颜圆眼的眼圆。

牛郎恋刘娘

牛郎恋刘娘，

刘娘念牛郎。

牛郎年年恋刘娘。

刘娘年年念牛郎。

郎恋娘来娘念郎。

娘念郎来郎恋娘。

可可喝水

可可口渴要喝水，

哥哥喝水口不渴。

可可要喝哥哥的水，

哥哥给水可可喝。

可可喝水解了渴，

谢谢哥哥给水喝。

出东门过大桥

出东门，过大桥，大桥底下一树枣。

青的多，红的少，拿着竿子去打枣。

一个枣，两个枣，三个枣，四个枣，五个枣，

六个枣，七个枣，八个枣，九个枣，十个枣。

十个枣，九个枣，八个枣，七个枣，六个枣，

五个枣，四个枣，三个枣，两个枣，一个枣。

温馨提示：练习以上绕口令时，可以尝试慢念和快念相结合的方式。先慢慢地、有节奏地念，确保气息稳定，然后逐渐加快速度，但不要牺牲对气息的控制和发音的清晰度。

扫二维码
听老师示范

声音弹性训练

演讲者站在舞台上时，其语言所具有的张力与感染力直接影响着现场观众的反应，决定着能否引发现场观众的情感共鸣。正因如此，一个优秀演讲者的声音必定是充满变化、富有弹性且极具生命力的。

下面，我们一同深入了解一下声音的弹性。

什么是声音的弹性

声音的弹性是指声音对于说话过程中动态变化的内容、形式以及思想感情的适应能力。简单来说，就是声音能够随说话过程中的不同情况而发生各种变化。

人的思想感情总在不停地变化。这种思想感情的变化是我们表达、创作的内在动力，它可以促使气息和声音随时发生变化。人们会以声音的形式将感受到的一切呈现出来。

声音弹性对比训练包括声音的强与弱、高与低、刚与柔、虚与实、快与慢、明与暗、薄与厚、粗与细等训练。

可以通过以下方式练习声音的弹性。

练习一：大声读 a、i、u。发音过程中，先由低音向上滑动，再从高音向下滑动。

扫二维码
听老师示范

练习二：大声读 a、i、u。发音过程中，声音先螺旋式上滑，再螺旋式下滑。

演讲训练营·朗读

送元二使安西

唐·王维

渭城朝雨浥轻尘，
客舍青青柳色新。
劝君更尽一杯酒，
西出阳关无故人。

温馨提示：这是唐代诗人王维的作品。作者先以清新自然的语言，描绘了渭城驿馆雨后清晨的景色——“渭城朝雨浥轻尘，客舍青青柳色新”，为接下来的送别营造宁静氛围。后两句“劝君更尽一杯酒，西出阳关无故

扫二维码听老师示范

人”，将深沉的惜别之情融入酒中，看上去是伤别，却不带“伤”字。

整首诗语言简洁，意境深远。我们从中可以感受到古人送别时的真挚情感，体会诗词之美，生发对传统文化的热爱。

请试着用前面学习过的语言技巧，朗读这首诗。

水调歌头·明月几时有

宋·苏轼

丙辰中秋，欢饮达旦，大醉，作此篇，兼怀子由。

明月几时有？把酒问青天。

不知天上宫阙，今夕是何年。

我欲乘风归去，又恐琼楼玉宇，高处不胜寒。

起舞弄清影，何似在人间。

转朱阁，低绮户，照无眠。

不应有恨，何事长向别时圆？

人有悲欢离合，月有阴晴圆缺，此事古难全。

但愿人长久，千里共婵娟。

温馨提示：这是宋代文学家苏轼创作的一首词。词以月起兴，作者以与其弟苏辙七年未见之情为基础，围绕中秋明月展开想象和思考，把人世间的悲欢离合之情纳入对宇宙、人生的哲理性追寻之中，表达了对亲人的思念和美好祝愿，也表达了在仕途失意时旷达超脱的胸怀。

请共情作者的感受，运用前面学习过的技巧朗读此作品。

扫 二 维 码
听老师示范

TIPS

演讲名人堂

语言作为工具，对于我们之重要，正如骏马对于骑士之重要。最好的骏马适合最好的骑士，最好的语言适合最好的思想。

——但丁

共鸣控制训练

什么是共鸣

共鸣指的是人体器官因共振而发声的现象。如果你想改变自己的音质，可进行共鸣控制训练。良好的共鸣既能影响声音的大小，又能提升声音的色彩与表现力。

共鸣主要有胸腔共鸣、口腔共鸣、鼻腔共鸣和头腔共鸣。有声语言共鸣以口腔共鸣为主，胸腔共鸣为基础，鼻腔、头腔共鸣为辅，这样才能让声音更加饱满、丰富，增强语言的感染力和表现力。你才能在演讲活动中更好地运用声音，展现自己的魅力。

可以通过以下方法进行共鸣训练。

胸腔共鸣练习

深深吸一口气，让气息充满整个胸腔。接着，以一种放松的状态叹气，同时发出“美……”这个音。

也可以使用百炼成钢、眉飞色舞、刀山火海、翻江倒海、豪言壮语等词语练习。

口腔共鸣练习

可以通过绕口令练习口腔共鸣。例如，“八百标兵奔北坡，炮兵并排北边跑。炮兵怕把标兵碰，标兵怕碰炮兵炮。”

在练习绕口令时，要注意发音准确、清晰，速度适中，同时感受声音在口腔的共鸣效果。

也可以使用澎湃、冰雹、当啷啷、咣当当、咕噜噜等词语练习。

鼻腔共鸣练习

可以轻轻捏住鼻子发元音 a、i 等。也可以用 n 和 ng 进行哼唱练习，将“n”音融入旋律中，感受鼻腔共鸣。

还可以使用光芒、面容、年龄、版面、面孔等词语练习。

头腔共鸣练习

可以单独发“ɑ”这个元音，使声音先由低向高，再由高至低。可以反复练习。这样的练习可以让声音更加动听，更有感染力。

也可以使用大海、黄山、昂扬、长城、长江等词语练习。

通过学习本章内容，你能够掌握一些演讲语言练习的小技巧。好声音并非天生，你需要科学的练习以及持之以恒的训练。

在日常生活中，大家可以通过绕口令训练气息，运用不同的发音方式感受声音的弹性变化，通过朗诵古诗词有针对性地进行共鸣训练。

只有不断地坚持练习，才能逐渐掌握演讲技巧，拥有更具魅力的声音，从而用充满力量和感染力的声音传达自己的思想与情感。

演讲训练营·朗读

请富有感情地运用前面学习过的技巧朗读以下诗作。

给母亲

徐志摩

母亲，那还只是前天
我完全是你的，你唯一的儿；
你那时是我思想与关切的中心：
太阳在天上，你在我的心里；
每回你病了，妈妈，如其医生们说病重，
我就忍不住背着你哭，
心想这世界的末日快来了；
那时我再没有更快活的时刻，除了
和你一床睡着，我亲爱的妈妈，

枕着你的臂膀，贴近你的胸膛，
跟着你和平的呼吸放心的睡熟，
正像是一个初离奶的小孩。

但在那二十几年间
虽则那样真挚的忠心的爱，
我自己却并不知道；“爱”那个不顺口的字，
那时不在我的口边，
就这先天的一点孝心完全浸没了
我的天性与生命。
这来的变化多大呀！
这不是说，真的，我不再爱你，
妈！或是爱你不比早年，那不是实情；
只是我新近懂得了爱，
再不像原先那天真的童子的爱，
这来是成人的爱了；
我，妈的孩子，已经醒起，并且觉悟了
这古怪的生命要求；

生命，它那进口的大门是

一座不灭的烈焰！爱——

谁要领略这里面的奥妙，

谁要觉着这里面的搏动，

（在我们中间能有几个到死不留遗憾的！）

就得投身进这焰腾腾的门内去——

但是，妈，亲爱的，让我今天明白的招认

对父母的爱，孝，不是爱的全部；

那是不够的，迟早有一天，

这“爱人”化的儿子会得不自主的

移转他那思想与关切的中心，

从他骨肉的来源，

到那唯一的灵魂，

他如今发现这是上帝的旨意

应得与他自己的融合成一体——

自今以后——

不必担心，亲爱的母亲，不必愁

你唯一的儿子会得在情感上远着你们——

啊不，你正应得欢喜，妈妈呀！

因为他，你的儿，从今起能爱，

是的，能用双倍的力量来爱你，

他的忠心只是比先前益发的集中了；

因为他，你的孩儿，已经寻着了快乐，

身体与灵魂，

并且初次觉着这世界还是值得一住的，

他从没有这样想过，

人生也不是过分的刻薄——

他这来真的得着了他应有的名分，

因此他在感激与欢喜中竟想

赞美人生与宇宙了！

妈呀“我们俩”赤心的，联心的爱你，

真真的爱你，

像一对同胞的稚鸽在睡醒时

爱白天的清光。

温馨提示： 朗读过程中，请仔细回忆妈妈平日的动作与神态，共情作者的感受，尽量读出画面感。

春　晓

唐·孟浩然

春眠不觉晓，

处处闻啼鸟。

夜来风雨声，

花落知多少。

温馨提示： 这是唐代诗人孟浩然的作品。一个春天的早晨，诗人刚刚醒来，鸟鸣声此起彼伏。

诗人回想昨夜，风声雨声潇潇，不禁让人叹惜，美丽的花朵该不会都被风雨吹落了吧！

全诗语言平易浅近，自然天成，却描绘出一幅充满活力、生机盎然的春晓景象，表达了作者对于春天、鸟鸣、花朵等美好事物的喜爱之情。

朗读的时候，要好好想象全诗所描述的画面，要共情作者的感受，尽量读出画面感。

山 行

唐·杜牧

远上寒山石径斜，
白云生处有人家。
停车坐爱枫林晚，
霜叶红于二月花。

温馨提示：深秋时节，一条小径向远处伸展，寒山染红，石径裸露。沿着这条小路远远望去，白云缭绕的地方，有几间石屋，也许还有鸟鸣、犬吠和袅袅炊烟。有人生活的气息为这一秋日图景增添了几分温暖，让山中小径不再寂寥。诗人停下马车，因为太爱深秋枫林的晚景。枫叶、余晖，一切都是如此的美好，诗人沉浸其中。经历严霜的枫叶，那鲜艳的红色胜过二月的春花。这便是全诗所描绘的景象。

要大胆想象，全力共情，这样你的朗读才更有画面感，才更能打动人。

PART3

演讲的根在于好素材的积累

巧妇难为无米之炊，好素材就在身边

一次演讲成功与否取决于众多因素，其中至关重要的一点便是是否具备鲜活生动的素材。一场出色的演讲，无论其主题多么鲜明突出，都必须有真实、具体且典型的素材作有力支撑。

在生活中，很多同学常常因缺乏演讲素材而倍感苦恼，往往不知道该讲什么内容。正如我们常说的“巧妇难为无米之炊”，若想烹制一桌美味佳肴，没有食材肯定是无法实现的。同理，倘若你期望作一场精彩的演讲，没有合适的演讲素材很难达成目标。

演讲素材基本包括以下三种。

直接材料

这是我们在日常生活、工作以及学习的过程中，凭借仔细观察、亲身体验、深刻感受、认真研究所获取的材料。这类材料源自我们的亲身经历，具有很强的真实性和感染力。

间接材料

我们可以从书籍、报刊、文献资料以及影视作品中获得很多信息，这就是间接材料。这些材料能够为我们的演讲提供不同的视角和观点。

创见材料

我们在获得大量直接和间接材料的基础上，通过归纳、总结、深入研究以及细致分析而得到的全新材料，便是创见材料。这种材料是我们对已有知识的整合与创新，能够为演讲增添独特的价值。

当我们寻找到合适的素材后，还需要对其进行归纳、整理和加工。我们进行归纳、整理、加工的依据应是“我与观众的关联”以及“演讲的中心思想”。如此一来，才能避免观众在听完演讲之后发出“演讲与我无关”的抱怨。

一定要牢记，精彩的演讲源于生活。因此，我们要做一个“有心之人”，从生活当中不断汲取可供我们表达的素材。例如，历史典故、各地风土人情、热点事件、影视作品中的故事等都可以成为我们演讲的素材。只要我们用心去发现，生活中处处都有演讲的好素材。

那么，什么样的素材更能打动观众呢？

真实材料

观众听到真实发生的事情时，更能够感受到演讲者的真诚。

典型材料

典型材料具有代表性和普遍性，这样的素材能够让观众迅速理解演讲的主题，并产生共鸣。

新鲜材料

在互联网时代，新鲜材料能够给观众带来耳目一新的感觉。

感人材料

感人的材料能够触动观众的心灵，引发他们的情感共鸣。

TIPS

演讲名人堂

乔布斯的故事

2005 年，美国著名企业家乔布斯在斯坦福大学一段关于生命的演讲，引发了在场每一个学子的深刻思考。他分享了自己被诊断患有胰腺癌以后与病魔抗争的经历，谈到了生命的宝贵、时间的有限以及对梦想的执着追求。他用自己真实的经历和感受，激励学子勇敢地去追寻自己的内心所向，珍惜生命中的每一个瞬间，为自己的理想而努力拼搏。

乔布斯是这样讲的：大概一年以前，我被诊断患有癌症。医生告诉我，那可能是一种无法治愈的癌症，我还有 3 ~ 6 个月的时间在这个世界上生活。那是我最接近死亡的时候。相比以前只是把死亡当成一种想象中的概念，我可以更肯定地对你们说，没有人愿意死，但是死亡是我们每个人共同的终点。如果你把每一天当作生命中最后一天去生活的话，那么有一天你会发现你是正确的。

听了乔布斯的这番话，现场的人无不动容，对生命有了另一种理解。

演讲训练营·即兴演讲

请以“一次难忘的旅行”为主题，和家人或者朋友一起开展一场即兴演讲。每人演讲 3 分钟左右即可。

另外，与家人一同看完电影或演出后，可以和他们分享你的感受，这是练习即兴演讲非常有效的方法。

最能打动人心的好故事

看电影的时候，我们会发现，那些情节跌宕起伏的故事往往很容易抓住观众的注意力。同样，当一段演讲结束时，观众往往很难记住演讲中那些繁杂的概念和数据，但他们极有可能对演讲者讲述的故事留下深刻印象。由此可见，掌握正确的讲故事的方法至关重要。

一个精彩的故事需要引人入胜的开头、扣人心弦的发展过程以及令人意想不到的结局。当然，故事中的矛盾和戏剧冲突也是不可或缺的元素。

应该选择什么样的故事作演讲素材呢?

紧扣主题的故事

所选择的故事务必与演讲主题相契合，不可跑题或离题。

贴近生活，能让观众产生情感共鸣的故事

可以挑选一些日常生活中的真实故事，这样更能够引发观众情感共鸣，甚至让观众愿意传播、分享。

简洁易懂的故事

讲故事的时间不宜过长，避免长篇大论。故事要通俗易懂，以便观众能够记住。

如何讲好一个故事

设置悬念，激发观众好奇

我们可以借鉴影视作品的表现手法来讲故事，比如通过设置悬念唤起观众的好奇心。同时，要注重渲染说话的氛围，充分激发观众的好奇心。不妨想象一下，如果你是一个电影导演，你会选择什么样的方式在观众心中创造画面呢？

时刻牢记 5 个“W”，交代清楚故事五要素

讲故事时，需把何时、何地、何人、何事、何故这五个内容交代清楚。如此方能做到结构清晰，并且要注意叙事的细节。

以情动人，实现“三情合一”

故事的灵魂在于情感，所讲的故事一定要真实、生动、亲切、感人。讲述过程中，要做到情感、情景和情绪“三情合一”。

从感觉出发

在语言表达方面，我们可以从自身的感觉入手，比如从视觉、听觉、嗅觉、味觉、触觉出发来描述场景，如此才能真正做到引人入胜。

巧妙运用倒叙手法

如果将故事“最重要的点”放在演讲的最后，很容易影响表达效果。可以适当调整讲故事的顺序，巧妙运用倒叙手法，层层递进地讲述故事。

巧妙设置“矛盾”与“戏剧冲突”

“矛盾”“戏剧冲突”构成了故事的主线。没有“矛盾”，就没有故事。“矛盾”与“冲突”会让你的故事充满悬念、令人期待。

可以试着分享自己的故事

其实，演讲中最适合讲述的故事是演讲者亲身经历的故事。每个人都是独一无二的存在，都曾有过难忘且感人的经历。这样的故事往往更容易走入观众的内心世界，深深打动他们。

还是那句话，观众或许记不住深奥的概念和繁杂的数据，但他们能记住你所讲的故事。所以，在演讲中讲故事至关重要。我们可以多运用比喻，用鲜活的形象打动观众。

要注意的是，恰当的措辞可让每句话更有力量，要避免业内行话、陈词滥调、中英混杂等。

讲故事时，我们还可以从小角度切入，最后输出一个大道理。

演讲训练营·演讲准备

请根据下面两个主题，准备两个时长为20分钟左右的演讲。

主题一：新科技让文化遗产重新绽放活力——历史建筑的数字化保护

训练小提示：

1. 素材收集。可以收集国内外历史建筑数字化保护的成功案例，如法国巴黎圣母院的数字化修复、中国平遥古城的三维建模等。

2. 价值体现。可以重点讲述数字化技术为什么可以更好地保存、修复和展示历史建筑，以让观众感受科技对文化遗产保护的重要价值。

3. 思考拓展。可以引导观众思考如何在科技的帮助下，更好地保护和传承文化遗产，从而激发观众对文化遗产保护的热情与责任感。

主题二：绿色出行——科技引领未来交通

训练小提示：

1. 关注时事。重点关注当前新能源汽车、共享单车、智能交通系统等绿色出行方式的发展趋势和相关政策。

2. 案例分析。举例说明科技如何改变人们的出行方式，如电动汽车的续航里程提升、共享单车的便捷使用等，强调绿色出行对环境的积极影响。

3. 倡议行动。在演讲中倡导大家积极参与绿色出行，从自己做起，为环境保护贡献力量，同时展望科技在交通领域的发展前景。

TIPS

演讲名人堂

好的演讲首要的和基本的标准是——沟通感。也即，要让观众感到有一股信息从演讲者的脑和心直达他们的脑和心。

——戴尔·卡耐基

用声音再现情景，让观众如临现场

在讲故事的过程中，最为关键的一点就是要以情动人，并且要十分注重强烈画面感的创造。那么，演讲者究竟应该如何运用自己的声音讲好故事，从而让观众产生身临其境的感觉呢？在这里，我要分享一个非常实用的小技巧，那就是情景再现。

何为情景再现

情景再现是指我们在表达时要调动自己的思想感情，使我们正在讲述的人物、场景、景物、情绪等不断流动，形成一幅幅画面，直达受众。这也是练习表达力、想象力的一种有效方法。

怎样实现情景再现

厘清头绪

即让脑海中那些连续活动的画面通过语言依次有序地展开。

设身处地

即让自己置于故事当中，进而产生一种真切的“我就在现场”的感受。这样才能够使我们更为深入地理解故事所传达的情感内涵与价值。

触景生情

即基于具体的“景”产生与之相应的情感反应。这有助于我们更深刻地表达故事的内涵与价值。

现身说法

即对于文本中的情景，表达者经过自己的消化吸收、加工整理，让观众产生关于某种情景的想象，并从中受到感染。

在演讲中，我们还可以通过巧妙地改变声音的强弱、高低、快慢等，使我们的讲述更具画面感、更富感染力。例如：在描述紧张刺激的情节时，可以适当提高声音的强度并加快语速；在表达温柔细腻的情感时，可以降低声音的强度并放慢语速。通过灵活调动声音，我们能够更好地营造故事氛围，让观众仿佛身临其境一般。

演讲训练营·朗读

鸟鸣涧

唐·王维

人闲桂花落，

夜静春山空。

月出惊山鸟，

时鸣春涧中。

温馨提示：这是唐代诗人王维的作品。或许我们从未听闻花瓣飘落的细微声响，但诗人敏锐地捕捉到了桂花飘落的声音，可见其内心是何等平静。夜晚时分，春日的山谷寂静空灵，万籁俱寂。明月缓缓升起，那光与影的微妙变化

扫二维码 听老师示范

惊动了栖息的鸟儿，它们不时发出的清脆叫声，在春天的山涧久久回荡。

王维是唐代声名卓著的诗人、画家，人们常用“诗中有画，画中有诗”来形容他的作品。在这首《鸟鸣涧》中，诗人以动衬静，极为生动地勾勒出一幅充满诗情画意的美妙图景。

我们在朗读这首诗的时候，不仅要展开想象，还要尽可能把想象传递给观众，或者引导观众自己想象，从而产生身临其境的感觉。

望庐山瀑布

唐·李白

日照香炉生紫烟，

遥看瀑布挂前川。

飞流直下三千尺，

疑是银河落九天。

温馨提示：这首诗生动地描绘了庐山瀑布雄伟壮丽的景色。作者李白在游览庐山之时，被那气势磅礴的瀑布深深震撼，于是挥笔写下了这首千古佳作。

扫二维码
听老师示范

朗诵前两句“日照香炉生紫烟，遥看瀑布挂前川”时，气息要饱满，要通过声音的表现力，惟妙惟肖地将诗中阳光照耀下香炉峰云雾缭绕，以及远处瀑布如同白练悬挂在山前的情景表达出来。

朗诵后两句“飞流直下三千尺，疑是银河落九天”时，语势和节奏可有明显变化。可通过升高语调、加快节奏，以强烈的气势表现瀑布飞流直下的壮观景象，让观众感受大自然的伟大力量。

为演讲起一个“令人难忘”的名字

常言道：“人过留名，雁过留声。”一个出色的演讲题目确实能够给观众留下极为深刻的印象。演讲题目是观众了解演讲内容的第一要素。好的演讲题目具有新颖、简练、紧扣主题、寓意深邃等特点，能够成功引发观众的浓厚兴趣。

那么，如何才能为演讲起一个恰当的名字呢？

提炼演讲主题

我们可以先提炼演讲主题，然后以简练的文字来确定题目，从而让观众直观地了解演讲的核心内容。

比如：若主题是环保，可以用《守护绿色家园》《环保，为地球添彩》等题目；若主题是励志奋斗，可以用《逐梦前行，不负韶华》《奋斗，点亮青春之光》等题目。

运用修辞手法

我们可以运用一些恰当的比喻来确定演讲题目，使其更加形象生动，更有吸引力，例如《友谊是心灵的阳光》等。

运用逆向求异思维

可以独出心裁，运用逆向求异思维，比如正题反做、正话反说等方式。这可以给观众带来耳目一新的感觉。

设置悬念

有意地在题目中设置一些问题或悬念，引发观众的强烈关注，激发他们的好奇心，可以给观众留下深刻印象。例如，关于科技发展方面的话题，可以用《未来科技，将带我们走向何方？》等。

直抒胸臆

在演讲题目中抒发情感，以情感人，也可以引发观众共鸣。

演讲训练营·为演讲取名

请根据上面介绍的方法，为以下演讲主题取名字。

主题一：勇敢面对困难。

名字________________________________。

主题二：珍惜时间。

名字________________________________。

主题三：友谊的力量。

名字________________________________。

主题四：阅读的力量。

名字________________________________。

主题五：梦想的追逐。

名字________________________________。

PART4

一场好的演讲需要做哪些准备

了解观众——知己知彼，百战不殆

古希腊著名哲学家亚里士多德曾说：“观众是演讲的唯一目的和目标。”

那么，在一场演讲当中，观众与演讲者究竟有着怎样的关系呢？

许多未曾接触过演讲这门课程的同学，在实际演讲中往往会陷入以下几个误区：

其一，想讲的内容太多、太杂，无从下手；

其二，主题不够明确；

其三，自说自话，与观众毫无互动。

真正的演讲并不是单纯地处理和汇报各种信息，而是为观众创造一种情感体验。

请务必牢记，一场演讲成功与否，很大程度上取决于观众对演讲的接受程度。

为观众画像

“画像”一词在当下的互联网行业非常常见。我们在筹备一场演讲时，也要先为观众画像。对于观众的设想，可以从质和量两方面着手。

观众的人数

在一场演讲中，观众可能只有寥寥几人，也可能多达成千上万人。观众的数量直接影响着演讲者的语言运用、服装搭配以及道具使用。

观众的特征

比如观众的年龄、性别、受教育程度、职业、经济状况、文化背景等，都需要我们进行深入分析。

举个简单的例子，如果要作一场关于“新科技”

的演讲，若观众都是该领域的专家学者，那么可以适当选择专业的概念、数据、图表来支撑论点，以满足他们对于专业知识的关注；若观众主要以普通大众为主，则应多选择通俗易懂、生动有趣的故事来支持中心主题，以便观众更好地理解和接受。

观众的心理

在演讲的准备阶段，不妨分析一下观众的心理，站在他们的角度思考他们关心什么、需要什么，如何讲述才能更好地被他们接受等。

优秀的演讲能够给观众带来心灵层面的启迪，使他们有所收获。所以，我常常强调，在演讲准备阶段上述思考过程是绝对不能缺少的。能科学为观众画像，我们的演讲思路才能足够清晰，我们也才能知道如何准备演讲素材。

演讲训练营·为观众画像

如果你要做一场主题为“人工智能的发展与挑战”的演讲，观众是 8 ～ 15 岁的青少年，请为你的观众画像。可以按照以下思路进行。

1. 你觉得什么样的青少年会对这个话题感兴趣？这会对你的演讲方式产生怎样的影响？

2. 分析核心观众的学习能力、兴趣偏好等。

3. 对于“人工智能的发展与挑战”这个话题，你会选择哪些素材来吸引观众的注意力？

4. 这个年龄段的青少年对于人工智能可能存在哪些疑问或期待？你的演讲将如何解答这些青少年的疑问，并激发他们对人工智能做进一步探索？

关键 3 步，助你完成一场精彩的演讲

有一项研究发现，人在做决策的时候，并不是左脑在工作，而是主要处理情感、图像、声音、想象等的右脑在工作。所以，我们在演讲的时候只是给观众提供逻辑、推理、分析等，很难影响他们。也即，在演讲过程中，最重要的是给观众创造一种情感体验。

那么，到底应该怎样为演讲做准备呢？

步骤一：预想目标

也就是说，要对演讲的观众加以分析，基本确定演讲的目标。

步骤二：找到能与观众产生连接的内容

也就是说，找出演讲主题和观众之间的联系。为

什么观众要关注你的演讲呢？这一点很重要，一定要想清楚。

步骤三：列出演讲要点

明确演讲的要点，然后才能找到合适的演讲素材。

作为演讲者，我们应该重点关注怎样影响观众，怎样和观众产生情感上的共鸣，以及如何将演讲内容最大程度地传递或分享给观众。

一定要记住，在你演讲的过程中，主角不是你，而是观众。所以，不用过于关注演讲过程是不是特别完美。真正留在观众脑海里的，是他们聆听这场演讲的切身体验。

具体来讲，一场成功的演讲，通常有三种积极的结果。

第一，你的观众能够理解你的观点，并且会改变自己的观点。

第二，你的观众因为你的演讲做了新的决定。

第三，你的观众采取了积极的行动。

此外，在准备演讲的时候，我们除了要考虑观众，还得考虑做演讲的场地、演讲的时间限制等。

TIPS

演讲名人堂

赠人以言，重于金石珠玉；观人以言，美于黼黻文章；听人以言，乐于钟鼓琴瑟。

——《荀子·非相》

演讲训练营·演讲准备

如果你正在为一场主题是“弘扬中华优秀传统文化”的演讲做准备，你会做些什么具体工作？可按照以下思路进行。

1. 预想目标

思考：通过此次演讲，你希望分享什么内容呢？例如让同学们更加热爱传统文化、激发大家积极参与传统文化活动等。

2. 寻找与观众相关的内容要点

思考：为什么同学们要关注你的演讲呢？可以从大家的日常生活、兴趣爱好等方面找关联。比如，很多传统节日都有相应的习俗（如春节贴春联、端午节包粽子等），这可能是同学们熟悉且感兴趣的点。

3. 列出演讲要点

思考：关于“弘扬中华优秀传统文化”的演讲必须讲哪些要点？比如传统文化的种类（传统技艺、传统节日、传统艺术等）、传统文化的价值（培养品德、增强民族自豪感等）、弘扬传统文化（学习传统技艺、参加传统文化活动等）等。

4. 资料收集

可以通过查阅书籍、上网搜索等方式，寻找合适的演讲素材，如传统文化故事、名人名言、现代人弘扬传统文化的例子等。

一上台就紧张？4 个技巧让你不再怯场

有研究人员做过一项调查，主题是——“你最担心的是什么？”结果有 40% 的人选择了“在众人面前讲话”。甚至很多名人在第一次演讲的时候，都会紧张到语塞，说不出话来。

心理学家经过研究发现，人的大脑中有一个神经组织叫作杏仁体。杏仁体是人类早期预警系统的一部分，一旦你遇到危险，它就会向你的身体发出警告。

当你站在舞台上，面对成百上千观众的时候，杏仁体会立刻活跃起来。于是，你就会呼吸急促、心跳加快，很难集中注意力。也就是说，当众讲话时感到紧张是很正常的事情。不过，我们可以通过锻炼来克服紧张。

方法一：将注意力集中在演讲上

不要太在意观众的评价。很多人紧张的原因往往是过分在意别人对自己的看法。我们应该把注意力集中在演讲内容的表达上，不要过度追求完美。想让演讲一点瑕疵都没有，常常是我们紧张、发挥失常的原因。

方法二：刻苦练习

克服紧张最有效的办法就是在演讲前反复练习、背诵。在正式演讲前，我们至少要练习几十次。可以对着镜子反复练习，看看自己的表情和体态是不是合适。也可以找家人朋友来当观众，进行模拟训练，问问他们的建议。

重要的是，我们要多给自己创造在众人面前讲话的机会。比如，在课堂上发言、在全校师生面前发言等，都是很好的锻炼机会。同时，我们也要允许自己适度紧张，适度紧张反而能让我们积极思考，有更好的表现。

方法三：给自己积极的心理暗示

在演讲前，我们要多给自己一些积极的心理暗示，找找自己身上的优点。同时，也可以把焦虑的情绪转化为积极的情绪。有没有可能换个角度来看待那些让我们紧张的问题呢？完全可以！比如，在演讲前你十分担心，“发挥失常怎么办”，那你可以适当换个角度想，“演讲中如果出现小的失误，是在提醒自己今后要更加谨慎小心”。换个角度思考问题，结果可能完全不一样。

方法四：通过深呼吸调节紧张情绪

在上场前，要均匀地呼吸，每次呼吸时都要保证气息从丹田提起又回落到丹田。反复进行这个训练，可以帮助我们放松身心，缓解紧张情绪。

通过以上几种训练方法，你应该可以克服面对演讲时的紧张心理。

目中无人，心中有人，演讲讲究“对象感”

在演讲过程中，有一个非常重要的技巧叫作“对象感”。那么，什么是对象感呢？

所谓对象感，就是演讲者必须设想和感知对象（观众）的存在和对象（观众）的反应，必须从感知觉层面共情对象（观众）的心理、要求、愿望、情绪等，并由此调动自己的思想感情，使之处于运动状态。

当然，演讲时，也要时刻感受观众的存在，调动他们的情绪，与他们在情感上产生共鸣。

对于观众的设想可以从量和质两方面入手。从量的方面来说，要考虑观众的性别、年龄、职业、数量等。从质的方面来讲，要综合把握演讲的环境和气氛，观众的心理状态等。

初学者在演讲的时候常常在台上自说自话，完全不考虑观众，完全没有交流意识。没有对象感的表达很难有感染力，也很难感动观众。所以，我们在演讲的时候一定要时刻想着观众，和他们进行交流，让他们感受我们的真诚和热情。

演讲训练营·演练

练习一：请声情并茂地朗读下面这个小故事。

一只老虎到河边喝水。咦，水里怎么也有一只老虎？

老虎瞪着眼睛说："这河水是我的，你不准喝！"水里的老虎好像也瞪着眼睛在说话。

老虎的嗓子干得像在冒火，它打算喝足了水再跟水里的老虎算账，于是大口大口地喝起水来。水里的老虎也大口大口地喝起水来。

老虎担心水被水里的老虎喝干，就拼命地喝。它的肚子越来越大，最后扑通一声掉到水里，变成了一只"落汤虎"。

温馨提示：根据这段文字，从“质”和“量”两个角度为观众画像，并根据自己的设想进行朗读。可适当加入肢体语言，将老虎的性格用有声语言和肢体语言刻画出来。

练习二：假如你是学校的广播员，马上要播报下面这段文字，你会怎么播报呢？请结合前述技巧思考。

亲爱的同学们、老师们，大家晚上好！这里是《美好时光》栏目。当愉快的课堂生活落下帷幕，当漫步在校园那如诗如画的林荫小道上，此时耳边若响起温馨的音乐，你是不是会倍感惬意呢？

如果把爵士乐比作一杯醇厚浓郁的黑咖啡，那么巴萨诺瓦就是令人心仪的方糖。巴萨诺瓦，字面意思为“新节奏”，既蕴含着南美洲音乐的奔放热情，又自带独特的慵懒与轻松。当巴萨诺瓦与经典民谣不期而遇，又会碰撞出怎样的音乐火花呢？请聆听这首来自黄琬婷的歌曲《时光》。

练习三：请声情并茂地朗读下面这首诗。

游子吟

唐·孟郊

慈母手中线，
游子身上衣。
临行密密缝，
意恐迟迟归。
谁言寸草心，
报得三春晖。

温馨提示：母爱的伟大是我们每个人都可以感受到的，正如这首《游子吟》所表达的。这首

扫 二 维 码
听老师示范

诗通过一件极其平凡的小事歌颂母爱，却让人无比感慨。如果让你当众朗读这首诗，你会怎么朗读呢？请认真思考，并当众表演一下。

PART5

如何用语言搭建演讲的“摩天大厦”

演讲的结构

在这一章，我们来认识一个非常重要的概念——演讲的结构。

做个比喻，好的演讲结构如珍珠项链里那根细细的鱼线，能够把一颗颗美丽无比的珍珠巧妙地串起来。通常情况下，一个演讲是由开头、主体和结尾三部分组成的。

巧妙开场，瞬间吸引观众

一场演讲中，精彩的开场白常常如同磁铁一般，能紧紧地吸引住观众。所以，演讲的开场可谓至关重要，必须做到先声夺人。

在这里，我介绍一个“七秒法则”。据研究，在观众决定是否要专注于你的讲话之前，你只有七秒钟来抓取观众的注意力。

可以用以下几种方法设计开场白。

巧妙提问

有时候，采用提问的方式能够吸引观众更加深入地关注你的演讲。比如，在开场时提出一个有趣的问题，观众可能会不由自主地跟随你的引导去思考，从而更专注地听你接下来的讲解。

设置悬念

可以用让观众感到震惊的方式开场，唤起他们的好奇心。比如，可以以一个令人震惊的故事开头，让观众迫不及待地想知道后面会发生什么。

使用强烈反差、对比引出自己的观点

也即，通过对比不同的事物或者情况，突出自己观点的独特性和重要性。

运用强大的统计数据

可以使用让观众感到惊喜、意外的数据作支撑。数据能够引起观众的兴趣，让他们觉得你的演讲有依据、有价值。

运用想象

想象有着不可思议的力量。它能让我们的演讲变成互动式的交流。在演讲过程中，观众可能通过想象从被动的一方转变为积极主动的参与者，成为我们演讲共同的创造者。比如，你可以说“让我们一起想象一下……”，这样可能引导观众发挥自己的想象力，积极参与到你的演讲中来。

讲述故事

可以讲述动人的故事，让观众沉浸在情感的波澜中。也可以讲述充满悬念的故事，勾起观众强烈的好奇心。

触景生情

以眼前的人、事、物、景为话题即兴引入演讲内容，也是不错的方法。可以观察现场的环境，寻找与演讲主题相关的点，适时切入。

总之，好的演讲是需要精心设计的。我们可以巧妙开场，构建我们的语言“通道”。

演讲训练营·设计开场

请为以下演讲设计开场白。

主题一：从世界互联网大会看未来科技发展

主题二：体育精神，伴我成长

主题三：我心中的榜样

主题四：环境保护，从身边小事做起

主题五：梦想，照亮前行的路

设计演讲主体，引领观众"发掘"你的演讲

演讲的主体部分是你演讲的核心内容所在。演讲者在规划演讲主体时，务必保证逻辑明晰、重点鲜明。我们可以运用"首先、其次、再次……""第一、第二、第三……"等表述方式来铺展演讲主体的内容。

需要着重指出的是，在分享演讲主体部分时，我们要引领观众主动去"发掘"我们的内容，提升我们演讲的"吸引力"。可以借助感人的故事、形象的比喻、生动的语言、丰富的统计材料等充实每一个"演讲要点"。

那么，设计演讲主体需要注意什么呢？可用以下方法设计演讲主体。

确定独特而鲜明的主题

主题应具有明确的核心观点和独特性，最好能在

第一时间吸引观众的注意力，让观众快速了解演讲内容的大致走向。

选择极具说服力的内容

有充分论据支持的内容才有说服力，如事实、案例、数据等，更能使观众信服演讲者的观点。

演讲层次要分明、清晰

演讲的结构应条理清晰，各部分之间过渡要自然，这样才能让观众轻松跟上演讲者的思路。

精心设计高潮环节

演讲的高潮部分能够激发观众的情感共鸣，增强演讲的感染力和影响力，给观众留下深刻的印象，所以一定要精心设计。

演讲高潮的设置

一场精彩的演讲，必然不能缺少高潮，有的演讲甚至会设置多处高潮。那么，究竟何为演讲的高潮呢？演讲者感情最为激昂、气势最为恢宏，且与观众的感情交流最为融洽的时刻，便是演讲的高潮所在。

演讲高潮是需要演讲者精心设计的。那么，该如何设计呢？

深邃的能够启迪思考的思想

在演讲中融入深刻的见解和富有启发性的思考，能够引发观众的共鸣和深思，从而将演讲推向一个高潮。

幽默风趣的语言

幽默是演讲的调味剂，能够缓解紧张气氛，拉近演讲者与观众的距离。演讲者巧妙地运用幽默风趣的语言，往往能引起观众的阵阵笑声和掌声，为演讲营造欢快的气氛。

生动感人的故事

一个生动感人的故事能够打动观众的心灵，激发他们的情感共鸣。演讲者可以讲述自己的亲身经历或者他人的真实故事，以情动人，将演讲推向高潮。

演讲的语言

演讲作为有声语言的一种表现形式，它的语言有别于书面语。那么，演讲的语言有哪些特征呢？

演讲语言的口语性

演讲者演讲时，观众全然依靠听觉来捕捉信息，难以如阅读书面文字那般反复咀嚼、回味。因而，演讲的语言必然呈现口语化特征，与书面语言存在显著差异，务必保证精准、简要且易于理解。

演讲语言的思想性

富含思想深度的语言仿佛一把钥匙，能够开启观众思考的大门。演讲语言应有思想性，绝不能空洞无物，而应凭借深刻的内涵，促使观众在聆听过程中主动思索，并由衷地信服演讲者所传达的理念与观点，进而与演讲者达成思想上的共鸣。

演讲语言的鼓动性

演讲的魅力在于它能够点燃观众内心的火焰，激发他们的热情，并让他们付诸行动。因而，演讲的语言应具有鼓动性。具有鼓动性的语言，可使演讲产生强大的感染力与号召力，能够唤醒观众潜在的力量，鼓舞他们勇敢地追求目标。

演讲语言的临场性

演讲现场情况多变，可能出现突发状况，观众也可能出现不同反应。演讲者要根据现场氛围和观众情绪及时调整语言，保持与观众的良好互动。

演讲语言的声传性

声音是演讲的媒介。演讲者在准备演讲稿时，务必充分考量语言的声传特性，巧妙融合整句与散句，使演讲文字如同灵动的音符，顺畅地钻进观众耳朵，深入他们的内心。

演讲语言的完整性

演讲者站在台上，犹如一位严谨的语言艺术家。在表达过程中，必须严格遵循语言规范，坚决杜绝语病与歧义，同时注意不能随意使用口头语。

演讲训练营·优秀演讲稿赏析

长大后我要做国粹传承者

曹程雅

中国传统文化历史悠久、博大精深，它凝聚着中华民族五千多年的智慧与成就，在璀璨的历史星河中源远流长。

小时候，我经常听家人赞美中国的传统文化和国粹艺术，它们无一不体现着中华文化的精髓。书法国画自然潇洒、稳健遒劲，中华武术刚柔并济、内外兼修，京剧昆曲以形传神、形神兼备。在这之中，大家谈论最多的是京剧，生旦净末丑、手眼身法步、丝竹管弦鼓、唱念做打舞，呈现了传统文化艺术的迷人风采。

小学刚入学时，各大社团招新，我毫不犹豫

地报了京剧社团。终于有机会跟随专业老师学习京剧，我开心极了。我选择的行当是青衣，我从此有机会走近《霸王别姬》《贵妃醉酒》这些赏心悦目的梨园经典，体会这些荡气回肠的传奇故事。

从一句念白、一个咬字到一个眼神、一个动作，从一次行腔、一个台步到一个节奏、一次呼吸，京剧的韵味在以声传情、声情并茂的表达中体现得淋漓尽致。

老师们手把手地教，我们专注认真地学。我们学了很多经典剧目，比如《玉堂春》《霸王别姬》《贵妃醉酒》《二进宫》《四郎探母》《大登殿》等。

六年里，我们每年重点打磨一个剧目。每年我都会参加各种演出、比赛。每每登台，我都激动不已。化妆时勒头的疼痛感，头戴四斤重的凤冠，丝毫不会影响我的状态。能在舞台上展现最好的自己，把国粹艺术的美传播给每一个人，我感到无比自豪。每每此时，我也能深深体会到

“台上一分钟，台下十年功”这句话的含义。

通过刻苦的学习，我感受到了京剧的精髓与魅力，对京剧的喜爱变成了热爱。现在，我对自己的未来有了新的展望。我决定以后要做京剧这门艺术的传承者，让中国传统文化在新时代继续绽放迷人色彩。

为演讲画一个圆满的句号

这一节，我们来学习如何给演讲设计结尾。在设计结尾时，可采取多种方式。

可以强化重点，复述演讲的主题思想，以此加深观众的印象。例如，用简洁有力的话语再次点明主题，加深观众对演讲核心内容的印象。这才能让观众在演讲结束后，依然对演讲的关键要点印象深刻。

可以以一个温暖的故事、一个形象的比喻、一个精彩的想象来给演讲画一个完美的句号，给观众留下一段美好的情感体验。比如，可以讲一个温馨的小故事，让观众在感动中回味演讲的内涵。故事的感染力，更容易使观众在情感上与演讲产生连接，进而对演讲内容产生深刻的感悟。

可以用恰当的比喻，形象地总结演讲的主旨，加深观众的印象。

还可以展开想象，激发观众对未来的憧憬。这种方式能够引导观众跳出当下的思维局限，展望美好的未来，为演讲画上一个充满希望和活力的句号。

总之，一场好的演讲必须有吸引观众的开场，在一开始就抓住观众的注意力，引发他们的兴趣与好奇。同时，要有精彩的主体部分。主体部分要逻辑清晰、重点突出，以丰富多样的形式充分展现演讲的核心内容，让观众沉浸其中。此外，还需要给观众带来无限想象的结尾。这样的结尾能够激发观众的创造力，让他们在演讲结束后依然能够对演讲内容进行深入思考和拓展。

设计演讲结构图

了解了演讲的素材以及演讲的结构以后，我们来学习一下如何为演讲设计结构图。大家不妨准备一张白纸，着手设计自己的演讲结构图。可以按照以下步骤进行。

第一步：分析你的观众。

第二步：找到演讲与观众相连接的内容。

第三步：思考演讲主题，围绕主题设计思路、撰写大纲。

第四步：展开联想，整理素材（发现问题、提出问题、分析问题、解决问题），并对素材进行加工。

第五步：根据整理好的素材，设计演讲结构。

第六步：修改完善演讲稿。

按照这样的步骤，加强练习，你一定能轻松驾驭每一次演讲。

演讲训练营·设计演讲结构图

请为以下演讲主题设计演讲结构图。

主题一：航天科技新突破

主题二：乡村振兴

主题三：科技创新对生活的影响

主题四：小小志愿者，大大正能量

主题五：音乐无国界，文化共交流

演讲训练营·优秀演讲稿赏析

我喜欢的一项运动

曹程雅

你们有喜欢的运动吗？是足球、篮球？还是跳绳、跑步？你们来猜一猜我喜欢的运动吧！它的场地很大，大概有700平方米。运动员隔网用拍子来回击打一个毛茸茸的拳头大小的球。对了，它就是网球。

从我四岁开始，妈妈每年都会带我去现场观看中国网球公开赛的比赛。雄伟宏大的球场，精彩纷呈的比赛，努力拼搏的运动员，这些美好的画面在我幼小的心灵刻下了深深的烙印。

从小学一年级开始，我便开始正式学习网球。从稚嫩的挥拍到大力的击打，从缓慢的挪动到积极的移动，从脆弱的自我到强大的自我，我经历了五年，磨炼了五年。

这五年里，我几乎每周都要参加不少于8小时的训练，无论是骄阳似火的夏天，还是滴水成冰的冬季，从来没有懈怠过。

这五年里，我参加了大大小小近100场网球比赛。无论是历经煎熬艰难取胜，还是彷徨失措匆匆落败，我都没有放弃。我想我是真的喜欢网球。

“不经一番寒彻骨，怎得梅花扑鼻香。”网球运动让我真正体验到了竞技体育的精髓，它不光锻炼人的体魄，更加磨炼人的意志。

在中国，有这样一位运动员，她分别于2011年、2014年两次夺得大满贯冠军，她就是李娜。我第一次看她比赛时，她的打球风格就深深把我吸引住了。我想她的自信与成功源于多年的锤炼和磨砺，并非一日之功。我也想成为她那样的运动员。

最后，我想用我第一次拿冠军时的获奖感言结束我的演讲，“在猛烈的大风中，才能看出哪棵草是最有韧性的。在寒霜风雪里，才能发现哪种植物最后凋零。是网球让我发现了自己的坚韧与顽强。我喜欢网球，我会让网球伴我一生”。

巧用节奏，打造充满魅力的演讲舞台

在生活中，我们常常会遇到这样一类人：他们明明拥有很多独特的想法，然而由于缺乏表达技巧，他们讲话时特别枯燥乏味，缺乏重点，因而很难给他人留下深刻的印象。

回想一下，你在众人面前讲话时，是否出现过一些影响表达的情况呢？比如：声音过小，导致别人听不清楚；讲话时始终保持一个节奏，毫无变化，给人一种昏昏欲睡的感觉；讲话时语速过快，让人难以接受和理解；等等。

那么，如何把握演讲中的语速呢？

语速过快的话，会让观众觉得你十分紧张。而且，过快的语速还会进一步强化紧张的心理状态。与此同时，观众也来不及充分消化你演讲的内容。而语速过慢，又会使观众产生不耐烦的情绪，觉得你的演讲乏味、无趣。

那么，正常的语速应该是什么样的呢？我们在演讲时，应当将语速控制在每分钟 220 ～ 250 字。

在这里，我分享几个掌控语言节奏的小技巧。

停连

顾名思义，停指的是停顿，连指的是连接。

语言表达过程中，有停顿、有连接才能更好地传神达意、传递情感。

为了更好地表达思想、抒发情感，停顿与连接都是必不可少的方法，既是生理需要，也是心理需要。从心理上说，思想感情的运动需要在哪里停顿就要在哪里停顿，需要在哪里连接就要在哪里连接。

需要注意的是，停顿是思想感情运动状态的继续和延伸，而不是思想感情的终止、中断和空白。恰到好处的停顿，可以起到“此时无声胜有声”的作用。

停顿主要分为标点停顿、语法停顿和感情停顿。

感情停顿不受标点符号和语法关系的制约，是依据情感或心理需要而做的停顿处理。它的特点是声断而情不断。

连接包括直连和曲连。

直连是指在表达过程中，不停顿或者仅有极短暂的停顿，词语或句子之间的连接较为直接、紧密，以保证语义连贯、节奏明快。

曲连是一种相对委婉、曲折的连接方式。在使用这种方式表达时，演讲者会在词语或句子之间做适当的停顿，但这种停顿并不是完全断开，而是一种似断非断的连接。这可以使语言更富有韵律感和感情色彩。

重音

在进行语言表达时，出于各种需求，需要强调某些词语，所以会加强发音。这就是重音技巧。换句话说，重音技巧是通过声音层面的强调来突出意义，给色彩鲜明、形象生动的词增加分量。

重音有以下几种类型。

1. 语法重音。语法重音是根据语法结构的特点而设置的重音。

2. 强调重音。强调重音是为了突出某种特定的意义或情感而特意设置的重音。

3. 感情重音。感情重音是根据说话者的感情变化和表达需求而产生的重音。

演讲训练营 · 停连训练

练习一：请根据停连标记“\”，朗读下面这段文字。

春天来了\，大地渐渐从沉睡中苏醒过来\。

小草偷偷地从土里钻出来\，嫩嫩的\，绿绿的\。

园子里\，田野里\，瞧去\，一大片一大片满是的\。

坐着\，躺着\，打两个滚\，踢几脚球\，赛几趟跑\，捉几回迷藏\。

风静悄悄的\，草软绵绵的\。

练习二：朗读下面这段话，请在应该停顿的地方做标记“\”。

中国国际旅游交易会今天在云南昆明开幕，来自 92 个国家和地区的 3800 多家参展商参加了这一亚洲地区规模最大的旅游盛会。

练习三：请用以上技巧朗读下面这首诗歌。

再别康桥

徐志摩

轻轻的我走了，
正如我轻轻的来；
我轻轻的招手，
作别西天的云彩。

那河畔的金柳，
是夕阳中的新娘；
波光里的艳影，

在我的心头荡漾。

软泥上的青荇，
油油的在水底招摇；
在康河的柔波里，
我甘心做一条水草！

那榆荫下的一潭，
不是清泉，是天上虹；
揉碎在浮藻间，
沉淀着彩虹似的梦。

寻梦？撑一支长篙，
向青草更青处漫溯；
满载一船星辉，

在星辉斑斓里放歌。

但我不能放歌，
悄悄是别离的笙箫；
夏虫也为我沉默，
沉默是今晚的康桥！

悄悄的我走了，
正如我悄悄的来；
我挥一挥衣袖，
不带走一片云彩。

演讲训练营·重音训练

练习一：下面这段文字，哪些地方应该重读，请设计一下，并试着读一遍。

故乡（节选）

鲁　迅

深蓝的天空中挂着一轮金黄的圆月，下面是海边的沙地，都种着一望无际的碧绿的西瓜，其间有一个十一二岁的少年，项带银圈，手捏一柄钢叉，向一匹猹尽力的刺去，那猹却将身一扭，反从他的胯下逃走了。

这少年便是闰土。我认识他时，也不过十多岁，离现在将有三十年了；那时我的父亲还在世，家景也好，我正是一个少爷。那一年，我家是一件大祭祀的值年。这祭祀，说是三十多年才能轮到一回，所以很郑重；正月里供祖像，供品很多，祭器很讲究，拜的人也很多，祭器也很要防偷去。我家只有一个忙月（我们这里给人做工的分三种：整年给一定人家做工的叫长年；按日给人做工的叫短工；自己也种地，只在过年过节以及收租时候来给一定的人家做工的称忙月），忙不过来，他便对父亲说，可以叫他的儿子闰土来管祭器的。

我的父亲允许了；我也很高兴，因为我早听到闰土这名字，而且知道他和我仿佛年纪，闰月生的，五行缺土，所以他的父亲叫他闰土。他是能装弶捉小鸟雀的。

我于是日日盼望新年，新年到，闰土也就到了。好容易到了年末，有一日，母亲告诉我，闰土来了，我便飞跑的去看。他正在厨房里，紫色的圆脸，头戴一顶小毡帽，颈上套一个明晃晃的银项圈，这可见他的父亲十分爱他，怕他死去，所以在神佛面前许下愿心，用圈子将他套住了。他见人很怕羞，只是不怕我，没有旁人的时候，便和我说话，于是不到半日，我们便熟识了。

我们那时候不知道谈些什么，只记得闰土很高兴，说是上城之后，见了许多没有见过的东西。

练习二：下面是一首十分优美的诗，请试着朗读，并标记一下那些你用了重音的地方。

古城黄昏

林徽因

我见到古城在斜阳中凝神；

城楼望着城楼，

忘却中间一片黄金的殿顶；

十条闹街还散在脚下，

虫蚁一样有无数行人。

我见到古城在黄昏中凝神；
乌鸦噪聒的飞旋，
废苑古柏在困倦中支撑。
无数坛庙寂寞与荒凉，
锁起一座一座剥落的殿门！

我听到古城在薄暮中独语；
僧寺悄寂，熄了香火，
钟声沉下，市声里失去；
车马不断扬起年代的尘土，
到处风沙叹息着历史。

练习三：请把下文中你觉得应该重读的地方标出来，并试着朗读一下。

荷塘月色（节选）

朱自清

这几天心里颇不宁静。今晚在院子里坐着乘凉，忽然想起日日走过的荷塘，在这满月的光里，总该另有一番样子吧。月亮渐渐地升高了，墙外马路上孩子们的欢笑，已经听不见了；妻在屋里拍着闰儿，迷迷糊糊地哼着眠歌。我悄悄地披了大衫，带上门出去。

沿着荷塘，是一条曲折的小煤屑路。这是一条幽僻的路；白天也少人走，夜晚更加寂寞。荷塘四面，长着许多树，蓊蓊郁郁的。路的一旁，是些杨柳，和一些不知道名字的树。没有月光的晚上，这路上阴森森的，有些怕人。今晚却很好，虽然月光也还是淡淡的。

路上只我一个人，背着手踱着。这一片天地好像是我的；我也像超出了平常的自己，到了另一世界里。我爱热闹，也爱冷静；爱群居，也爱独处。

像今晚上，一个人在这苍茫的月下，什么都可以想，什么都可以不想，便觉是个自由的人。白天里一定要做的事，一定要说的话，现在都可不理。这是独处的妙处，我且受用这无边的荷香月色好了。

曲曲折折的荷塘上面，弥望的是田田的叶子。叶子出水很高，像亭亭的舞女的裙。层层的叶子中间，零星地点缀着些白花，有袅娜地开着的，有羞涩地打着朵儿的；正如一粒粒的明珠，又如碧天里的星星，又如刚出浴的美人。微风过处，送来缕缕清香，仿佛远处高楼上渺茫的歌声似的。这时候叶子与花也有一丝的颤动，像闪电般，霎时传过荷塘的那边去了。叶子本是肩并肩密密地挨着，这便宛然有了一道凝碧的波痕。叶子底下是脉脉的流水，遮住了，不能见一些颜色；而叶子却更见风致了。

月光如流水一般，静静地泻在这一片叶子和花上。薄薄的青雾浮起在荷塘里。叶子和花仿佛在牛乳中洗过一样；又像笼着轻纱的梦。虽然是满月，天上却有一层淡淡的云，所以不能朗照；但我以为这恰是到了好处——酣眠固不可少，小睡也别有风味的。月光是隔了树照过来的，高处丛生的灌木，落下参差的斑驳的黑影，峭楞楞如鬼一般；弯弯的杨柳的稀疏的倩影，却又像是画在荷叶上。塘中的月色并不均匀；但光与影有着和谐的旋律，如梵婀玲上奏着的名曲。

荷塘的四面，远远近近，高高低低都是树，而杨柳最多。这些树将一片荷塘重重围住；只在小路一旁，漏着几段空隙，像是特为月光留下的。树色一例是阴阴的，乍看像一团烟雾；但杨柳的丰姿，便在烟雾里也辨得出。树梢上隐隐约约的是一带远山，只有些大意罢了。树缝里也漏着一两点路灯光，没精打采的，是渴睡人的眼。这时候最热闹的，要数树上的蝉声与水里的蛙声；但热闹是它们的，我什么也没有。

PART6

打造完美演讲，我的舞台我做主

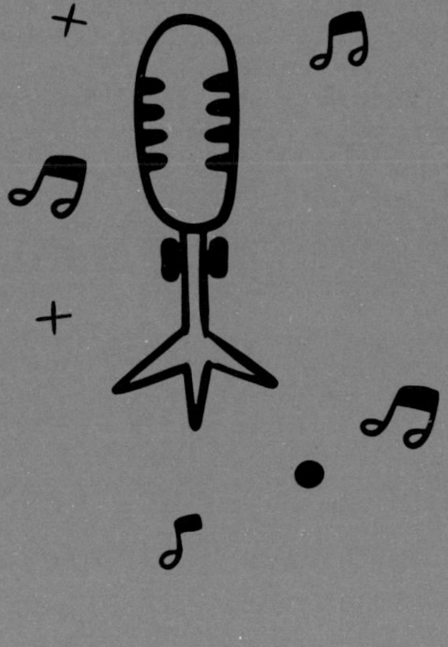

用好态势语，演绎无声魅力

心理学家提出了一个有趣的公式：一条信息的表达 =7% 的语言 +38% 的声音 +55% 的肢体动作。

实际上，演讲者在进行表达时，声音、表情、妆容、着装、体态等因素，决定着观众是否有聆听意愿。那些优秀的演讲大师，无一不拥有良好的肢体语言。良好的肢体语言不仅能够吸引观众的注意，还可以强化演讲者本身的气场。

《礼记》中有这样一段表述："说之，故言之；言之不足，故长言之；长言之不足，故嗟叹之；嗟叹之不足，故不知手之舞之，足之蹈之也。"大概意思是，我们的态势语言对有声语言具有补充、强调和渲染作用。

在演讲中，态势语在塑造演讲者的演讲风格方面起着至关重要的作用，并且具有一定的审美价值。

态势语的概念

态势语，也称体态语言、人体语言、肢体语言等，是基于目光、表情、手势、姿态、着装等非语言因素配合有声语言传递信息、交流思想的辅助工具。

良好的态势语不仅能辅助传播一定的语言信息，还能传播演讲者自身的信息。一个人的行为举止、着装风格等总能体现其修养、性格、品质等。

演讲中的体态

演讲中，演讲者正确的站姿应该是头正直、下颌微收、两肩沉、挺胸、收腹、立腰、两臂自然下垂、目视前方。

总而言之，演讲者的形体，应以健康、自然、得体为好，这才能给人审美层面的愉悦。

演讲中的面部表情

在演讲中，嘴角宜微微上翘，以呈现微笑面容。微笑能够拉近我们与观众之间的心理距离，散发足够的亲和力。当演讲者面带微笑时，观众能感受到温暖和善意，更容易放下防备，投入演讲中。

眼睛是心灵的窗户，对于演讲而言，眼神的重要性不言而喻。我们可以用眼睛说话，与观众进行无声交流。我们实际上不但可以通过眼神来传递信息，还能够以此引导观众的注意力，从而掌控整个演讲现场。

演讲时的手势

在演讲过程中，手势是一种重要的体态语言，我们应当尽量做到手势流畅大方。手势可以在演讲者加重语气的时候彰显效能，抒发情感之际发挥作用，还能够突显演讲者的决心。

然而，在使用手势时，务必牢记，不可滥用。手势语不宜过多使用，要恰到好处地使用，应与所传达的语言信息配合好。过多的手势会使演讲显得杂乱无章，甚至可能分散观众的注意力；而恰当的手势则能增强演讲者的表现力，使演讲更加生动、形象，让观众更好地理解演讲者的意图。

演讲的着装

演讲是一门综合性的语言艺术，演讲者在登台前需花费一定精力关注自己的着装。一个人的仪表、着装、举止、体态在一定程度上能够体现思想、品格和修养。

演讲着装的整体要求是干净、大方，与演讲者的身份相契合。同时，还应充分考虑演讲的内容、场地、现场观众的构成等因素。

务必牢记，演讲着装不能过于花哨、夸张和随意，以免喧宾夺主。例如：如果在正式的学术场合进行演讲，应穿着较为庄重、得体的服装，以展现专业和严谨的形象；如果在轻松的校园活动中演讲，可以选择相对活泼但依然得体的服装，以拉近与学生观众的距离。无论在何种场合演讲，过于鲜艳、造型奇特的服饰都可能分散观众的注意力，使他们的关注点从演讲内容转移到演讲者的穿着上，从而影响演讲效果。

你熟练掌握以上几个要求后，必定能够在众人面前自信大方地展现自我，流畅自如地表达观点。生活中，我们不妨面向镜子，反复进行练习，观察自己的表情、动作，倾听自己的声音，同时不断调整和完善，提升演讲质量。

演讲训练营·态势语训练

练习一： 下面是一首感情充沛的诗作。如果让你朗读，你会如何使用态势语？

红烛

闻一多

红烛啊！

这样红的烛！

诗人啊！

吐出你的心来比比，

可是一般颜色？

红烛啊！

是谁制的蜡——给你躯体？

是谁点的火——点着灵魂？

为何更须烧蜡成灰，

然后才放光出？

一误再误；

矛盾！冲突！

红烛啊！

不误，不误！

原是要“烧”出你的光来——

这正是自然的方法。

红烛啊！

既制了，便烧着！

烧吧！烧吧！

烧破世人的梦，

烧沸世人的血——

也救出他们的灵魂，

也捣破他们的监狱！

红烛啊！
你心火发光之期，
正是泪流开始之日。

红烛啊！
匠人造了你，
原是为烧的。
既已烧着，
又何苦伤心流泪？
哦！我知道了！
是残风来侵你的光芒，
你烧得不稳时，
才着急得流泪！

红烛啊！
流吧！你怎能不流呢？
请将你的脂膏，
不息地流向人间，

培出慰藉的花儿，

结成快乐的果子！

红烛啊！

你流一滴泪，灰一分心。

灰心流泪你的果，

创造光明你的因。

红烛啊！

“莫问收获，但问耕耘。”

练习二：如果要当众朗读下面这首词，你会怎么设计自己的态势语言。

念奴娇·赤壁怀古

宋·苏轼

大江东去，浪淘尽，千古风流人物。故垒西

边，人道是，三国周郎赤壁。乱石穿空，惊涛拍岸，卷起千堆雪。江山如画，一时多少豪杰。

遥想公瑾当年，小乔初嫁了，雄姿英发。羽扇纶巾，谈笑间，樯橹灰飞烟灭。故国神游，多情应笑我，早生华发。人生如梦，一尊还酹江月。

温馨提示：《念奴娇·赤壁怀古》是宋代文学家苏轼的词作，为豪放词的代表作之一。这首词意境雄浑壮阔，文辞豪放，极具画面感。

巧用“道具”，为演讲增添效果

在演讲时，演讲者若能充分运用道具，能极大地增添演讲的魅力。我们既可以借助道具来开启演讲，也能够利用道具介绍产品、讲述故事。此外，我们还可以邀请现场的观众、嘉宾配合我们完成一些事项。要知道，观众在某种程度上也可以成为演讲中不可或缺的“道具”。

做关于环保的演讲时，可以拿一个被污染的地球模型作开场道具，以吸引观众的注意力，引发他们对环保问题的思考。

在介绍新型科技产品的演讲中，通过展示产品，可以让观众更直观地了解产品的特点和优势，从而对演讲产生兴趣。

在讲述一个感人的故事时，使用与故事相关的道具，如一封信、一个纪念品等，可以更好地营造氛围，增强故事的感染力。

同时，邀请观众参与互动，不仅能使演讲更加生动有趣，还能增强观众的参与感和记忆点。

演讲时如何使用 PPT

在演讲中，合理使用 PPT 能够显著提升演讲的效果。在制作 PPT 时，可依据演讲内容确定章节划分以及需要展示的重点内容，以此确保 PPT 与演讲内容紧密契合。

PPT 的设计要简洁大方，要恰当地使用图片、图表、视频等多媒体元素，使其为演讲增添生动性和直观性。

需要注意的是，切不可在 PPT 上堆砌大量文字。

大量的文字会给观众带来巨大的阅读压力，同时也容易导致演讲者过度依赖 PPT，从而忽视与观众的互动和交流。

演讲时背景音乐的使用

音乐，是舞台效果至关重要的组成部分。演讲者可以借助音乐，营造适宜的演讲氛围，进而激发观众的情感。

例如，在讲述充满回忆感的故事时，可以选用一段温暖舒缓的音乐作背景乐。这样的音乐像轻柔的微风一样，缓缓拂过观众的心灵时可以勾起他们内心深处的回忆。那么，在选用音乐时需要注意什么呢？

音乐风格要与演讲风格保持一致

不同风格的演讲需要搭配与之契合的音乐。比如，关于历史文化的演讲，古典音乐往往较为合适，能营造深沉、悠远的氛围；若演讲主题是充满活力的青春励志故事，那么动感欢快的音乐更为合适；等等。

音乐节奏要与演讲节奏保持一致

演讲有其自身的节奏变化，或舒缓讲述，或激昂陈词。音乐节奏也应与之相契合。在演讲者缓慢叙述时，轻柔、平稳的音乐，是很好的背景铺垫。而当演讲进入高潮部分，节奏加快，演讲者情绪激昂时，音乐节奏也应相应加快。两者节奏协同推进，能带动观众的情绪发生相应起伏，让演讲更具张力和吸引力。

音乐声音的大小要与演讲氛围相契合

音乐音量的把控至关重要。如果音乐声音过大，会掩盖演讲者的声音，导致观众无法清晰地听到演讲内容。反之，若音乐声音过小，又难以起到烘托氛围、增强感染力的作用。所以，音乐声音的大小要与演讲氛围相契合。

TIPS

演讲名人堂

说话周到比雄辩好，措辞适当比恭维好！

——弗朗西斯·培根

修炼演讲风格，绽放个人魅力

在演讲中，个人的演讲风格非常重要。切不可让自己的演说沦为一场视听灾难，而应确保自己的思想能够切实有效地传递给观众。

一个人的演讲风格是声音、体态、表情、思想的综合呈现。我们可以抽出适当的时间练习演讲技巧，精心修炼自己的演讲风格，从而绽放独特的个人魅力。

每个人都能够修炼出自己独有的演讲风格，这与个人经历、学识、性格等紧密相关。

沉稳型风格

有的演讲者演讲风格属于沉稳型，他们能够自信、从容地将自己的观点娓娓道来。这类演讲者在表达时一定要注重节奏的变化，同时还需恰当运用演讲技巧，让自己的演讲声情并茂、形象生动。

激昂型风格

有一类演讲者演讲风格属于激昂型，这种风格从声音到体态语的运用都稍显夸张，具有很强的感染力和说服力。这类演讲风格最需要注意的就是适度，演讲者不能信口开河。

幽默型风格

还有一类演讲风格属于幽默型，这类演讲者幽默风趣，能通过有趣的语言瞬间拉近与观众的距离，有时甚至能赢得现场观众强烈的认同。当然，这类演讲风格与演讲者自身的基础条件密不可分。

无论你是何种风格的演讲者，都要注意，要做一个热爱生活的人。我们的日常生活丰富多彩，只要你做一个有心的人，就能够在生活中提炼出很多精彩的演讲素材，从而让自己的语言更加丰富。同时，认真练习是非常重要的，一个演讲者的演讲风格必定是在长久的实践中逐渐形成的。

TIPS

演讲名人堂

戴尔·卡耐基的故事

戴尔·卡耐基出生于美国密苏里州一个贫穷的家庭。由于家庭贫困，他长得十分瘦小，且极度缺乏自信，因此常被同学捉弄、取笑。但一次偶然的机会，改变了他的人生轨迹。

1904 年，卡耐基进入密苏里州沃伦斯堡州立师范学院学习。此后，他白天不是看书就是写小说和短篇故事，晚上则在夜校教演讲公开课，尽管那时他毫无演说经验。

为了提升自己的演讲能力，他不断努力练习。然而，一开始的道路并不顺利。他连续参加了 12 次演讲和辩论比赛，但大多时候表现得十分糟糕。连续的失败让他心灰意冷，他开始怀疑自己的能力。

然而，卡耐基并没有放弃，他想起了曾经激励过自己的演说者的话，重新振作起来。

在接下来的两年里，人们几乎每天都能看到一个身材颀长、清瘦、衣衫褴褛的年轻人在河畔一边踱步，一边背诵名人名言。他神情专注，几乎达到忘我的境地。有一次，他练习演讲时太过投入，附近的村民以为他是个疯子，报了警。

功夫不负有心人。1906 年，卡耐基以《童年的记忆》为题发表演说，获得了青年演说家奖。这次成功让他尝到了胜利的喜悦，也坚定了他继续在演讲道路上走下去的决心。此后，他不断积累经验，演讲水平日益提高。

卡耐基后来将自己的经验和心得写成了《语言的突破》《人性的弱点》《人性的优点》等著作，这些书被译成几十种文字，在世界各地广泛传播。他的思想和演讲方法影响了无数人，他因此被誉为“20 世纪最伟大的人生导师”和“美国现代成人教育之父”。

演讲训练营·朗读

练习一：请以自己的风格以及之前学过的技巧朗读下面这篇文章。朗读的时候，你可以想象，你正在演讲台上，而台下有几百人甚至几千人。

背 影

朱自清

我与父亲不相见已二年余了，我最不能忘记的是他的背影。那年冬天，祖母死了，父亲的差使也交卸了，正是祸不单行的日子，我从北京到徐州，打算跟着父亲奔丧回家。到徐州见着父亲，看见满院狼藉的东西，又想起祖母，不禁簌簌地流下眼泪。父亲说，“事已如此，不必难过，好在天无绝人之路！”

回家变卖典质，父亲还了亏空；又借钱办了

丧事。这些日子，家中光景很是惨淡，一半为了丧事，一半为了父亲赋闲。丧事完毕，父亲要到南京谋事，我也要回北京念书，我们便同行。

到南京时，有朋友约去游逛，勾留了一日；第二日上午便须渡江到浦口，下午上车北去。父亲因为事忙，本已说定不送我，叫旅馆里一个熟识的茶房陪我同去。他再三嘱咐茶房，甚是仔细。但他终于不放心，怕茶房不妥帖；颇踌躇了一会。其实我那年已二十岁，北京已来往过两三次，是没有甚么要紧的了。他踌躇了一会，终于决定还是自己送我去。我两三回劝他不必去；他只说，"不要紧，他们去不好！"

我们过了江，进了车站。我买票，他忙着照看行李。行李太多了，得向脚夫行些小费，才可过去。他便又忙着和他们讲价钱。我那时真是聪明过分，总觉他说话不大漂亮，非自己插嘴不可。但他终于讲定了价钱；就送我上车。他给我拣定了靠车门的一张椅子；我将他给我做的紫毛大衣铺好坐位。他嘱我路上小心，夜里警醒些，不要受凉。又嘱托茶房好好照应我。我心里暗笑他的迂，他们只认得钱，托他们真是白托！而且我这样大年纪的人，难道还不能料理自己么？唉，我现在想想，那时真是太聪明了！

我说道，“爸爸，你走吧。”他望车外看了看，说，“我买几个橘子去。你就在此地，不要走动。”我看那边月台的栅栏外有几个卖东西的等着顾客。走到那边月台，须穿过铁道，须跳下去又爬上去。父亲是一个胖子，走过去自然要费事些。我本来要去的，他不肯，只好让他去。我看见他戴着黑布小帽，穿着黑布大马褂，深青布棉袍，蹒跚地走到铁道边，慢慢探身下去，尚不大难。可是他穿过铁道，要爬上那边月台，就不容易了。他用两手攀着上面，两脚再向上缩；他肥胖的身子向左微倾，显出努力的样子。这时我看见他的背影，我的泪很快地流下来了。我赶紧拭干了泪，怕他看见，也怕别人看见。我再向外看时，他已抱了朱红的橘子望回走了。过铁道时，他先将橘子散放在地上，自己慢慢爬下，再抱起橘子走。到这边时，我赶紧去搀他。他和我走到车上，将橘子一股脑儿放在我的皮大衣上。于是扑扑衣上的泥土，心里很轻松似的，过一会说，“我走了；到那边来信！”我望着他走出去。他走了几步，回过头看见我，说，“进去吧，里边没人。”等他的背影混入来来往往的人里，再找不着了，我便进来坐下，我的眼泪又来了。

近几年来，父亲和我都是东奔西走，家中光景是一日不如一日。他少年出外谋生，独力支持，做了许多大事。那知老境却如此颓唐！他触目伤怀，自然情不能自已。情郁于中，自然要发之于外；家庭琐屑便往往触他之怒。他待我渐渐不同往日。但最近两年的不见，他终于忘却我的不好，只是惦记着我，惦记着我的儿子。我北来后，他写了一信给我，信中说道，“我身体平安，惟膀子疼痛利害，举箸提笔，诸多不便，大约大去之期不远矣。”我读到此处，在晶莹的泪光中，又看见那肥胖的，青布棉袍，黑布马褂的背影。唉！我不知何时再能与他相见！

1925年10月在北京

温馨提示：《背影》是现代作家朱自清于1925年创作的回忆性散文。这是一篇感人至深的作品。当时，作者离开南京去北京大学，父亲送他到浦口火车站，照料他上车，并替他买橘子。作者以细腻的笔触记录这一温馨而美好的时刻。作者印象最为深刻的父亲替他买橘子时在月台爬上攀下时的背影，触动了无数读者。全文语言朴素而不失典雅，表达深刻，感情细腻，是现代文学史上的名篇。

练习二：朗读诗歌需要更为独特的技巧，请结合以前学过的所有方法、技巧，朗读以下作品。在朗读过程中，请试着找到自己的风格。

风　筝

林徽因

看，那一点美丽
会闪到天空！
几片颜色，
挟住双翅，
心，缀一串红。
飘摇，它高高的去，
逍遥在太阳边
太阳里闪
一小片脸，
但是不，你别看错了
错看了它的力量，
天地间认得方向！
它只是
轻的一片，
一点子美

像是希望，又像是梦；

一长根丝牵住

天穹，渺茫——

高高推着它舞去，

白云般飞动，

它也猜透了不是自己，

它知道，知道是风！

自信表达，我的舞台我做主

在教学中，我常常对学生讲：“你要自信，相信自己。你一定能做到。”这样的话看上去是老生常谈，实则传达着演讲过程中至关重要的一点——掌控舞台。

在演讲过程中，“控场”或者“掌控舞台”极为关键。演讲者必须确保演讲氛围的总开关牢牢握在自己手中，时刻把控演讲的节奏，调动观众的情绪，驾驭现场的气氛与秩序。无论是讲述故事的时候，陈述观点的时候，还是抒发情感的时候，都需要控场。

那么，想打造一场完美的演讲，想要控场需要做到哪几点呢？

第一印象

演讲者给予观众的第一印象至关重要。在演讲开始之前，观众对演讲往往怀有一定的期待，我们留给观众的第一印象能否契合观众的心理预期十分关键。

这里所提的第一印象，首先讲的就是演讲者的视觉形象，即着装、仪表、举止等。其次，精彩的开场白也是关键要素，它可以奠定整场演讲的基调。总之，演讲者的学识、修为、能力、性格等直接决定着他会留给观众一个什么样的第一印象。

一个良好的第一印象能够迅速吸引观众的注意力，为演讲的成功奠定坚实基础。演讲者应在登台之前，精心准备自己的形象和开场白，以确保给观众留下一个深刻而积极的第一印象。

进入角色

进入角色也是一种积极有效的控场艺术。当演讲者成功地给观众留下完美的第一印象后，如何持续吸引观众便成为关键所在。演讲者需要将自身的思想感情充分融入演讲之中，只有这样，才能让演讲更具感染力和说服力。同时，演讲者要努力克服心理负担，以更加自信从容的姿态面对观众。

当演讲者真正将自己融入演讲角色时，才能更加自由地掌控全场，引导观众的情绪和思维，使他们沉浸在演讲的氛围之中，与演讲者发生思想的碰撞和情感的共鸣。

演讲高潮的设置

演讲高潮的设置是前期准备阶段必须深入考虑的问题。一场演讲中设置几次高潮以及高潮出现的时间点都需要精心规划。

一般来说，可以将高潮设置在讲述生动感人的故事之时。当故事发展到关键节点，情节扣人心弦，能极大地调动观众的情感，引发强烈共鸣。

也可以在表达深邃思想的时候设置高潮，此时演讲者可以以深刻的见解和独特的观点触动观众的心灵，激发他们思考。

合理设置演讲高潮，能够有效提升演讲的吸引力和影响力，使观众始终保持高度的专注。

完美的结尾

一场演讲的结尾设置至关重要，巧妙而完整的结尾能够为演讲画上圆满的句号。

结尾最好具有一定的留白，给观众留下思考和回味的空间。

演讲训练营·演练

下面这篇文章节选自梁启超的《少年中国说》。请全方位了解本文的写作背景，并思考本文的现实意义，然后结合在本书中学习到的演讲技巧，准备一场演讲。

少年中国说（节选）

梁启超

故今日之责任，不在他人，而全在我少年。少年智则国智，少年富则国富，少年强则国强，少年独立则国独立，少年自由则国自由，少年进步则国进步，少年胜于欧洲则国胜于欧洲，少年雄于地球则国雄于地球。

红日初升，其道大光；河出伏流，一泻汪洋；潜龙腾渊，鳞爪飞扬；乳虎啸谷，百兽震惶；鹰隼试翼，风尘翕张；奇花初胎，矞矞皇皇；干将发硎，有作其芒；天戴其苍，地履其黄；纵有千古，横有八荒；前途似海，来日方长。

美哉，我少年中国，与天不老！

壮哉，我中国少年，与国无疆！

后记

演讲是一种积极的思想能量的传递方式。一场精彩的演讲，能够以我们独有的方式为他人带来一种情感或智慧体验，进而影响他们今后的某些行为。这是何等幸运与幸福的事情！

我们常言“台上一分钟，台下十年功”。要想成为一名优秀的演讲者，精心的准备与持之以恒的努力练习不可或缺。古今中外，众多优秀的演讲家皆是天赋与勤奋并存。

期望这本书能让大家掌握基础的演讲技巧。期望大家能做到学以致用，通过综合练习打磨演讲技巧，从而更好地表达自我，传播情感与思想，早日成为小小演说家。

附录：适合青少年的演讲主题

以下是一些适合青少年的演讲主题。

请你根据本书介绍的相关演讲方法与技巧，为这些演讲主题设置开头、主体、结尾，甚至着装风格、体态语言。

如果有机会，请在全班同学甚至全校同学面前做演讲。

一、科技与创新类

1.《人工智能在生活中的应用与挑战》

讲述人工智能如何进入我们的日常生活，如智能音箱、智能家居等，同时探讨人工智能在就业、隐私保护等方面可能带来的挑战。

2.《太空探索，青少年的新视野》

介绍近年来各国的太空探索成果，如火星探测、空间站建设等，激发青少年对太空探索的兴趣。

3.《科技创新，让未来更美好》

谈谈科技创新对未来生活的影响，比如，无人驾驶、虚拟现实等技术将如何改变我们的生活。

4.《我眼中的科技发明趣事》

可以分享一些有趣的科技发明故事，在生动地讲述故事过程中强调发明创造的价值。

二、文化与传承类

1.《传承中华文化，从我做起》

强调中华优秀传统文化的重要性，如诗词、书法、京剧等，鼓励青少年积极学习和传承中华优秀传统文化。

2.《传统节日的意义与价值》

介绍春节、端午节、中秋节等传统节日的由来、习俗和文化内涵，让同学们更加了解和热爱传统节日。

3.《地方文化特色，家乡的骄傲》

讲述自己家乡的独特文化，如方言、民俗、建筑等。

4.《非物质文化遗产的传承与保护》

介绍非物质文化遗产及其价值，如剪纸、皮影戏、陶艺等，呼吁大家共同保护非物质文化遗产。

5.《经典文学作品对我们的启示》

分享自己读过的经典文学作品，如《三国演义》《西游记》《鲁滨逊漂流记》等，谈谈这些作品对我们成长的启示。

三、环保与可持续发展类

1.《垃圾分类，让地球更美丽》

讲解垃圾分类的重要性和方法，鼓励同学们积极参与垃圾分类，为保护环境贡献力量。

2.《节约用水，从我做起》

阐述水资源的重要性和短缺现状，介绍节约用水的方法和技巧，激发同学们节约用水的意识。

3.《绿色出行，低碳生活》

讲解绿色出行的方式，如步行、骑自行车、乘坐公共交通工具等，鼓励同学们选择绿色出行方式，减少碳排放。

4.《可持续发展，我们的责任》

讲述可持续发展的概念和意义，介绍一些可持续发展的实践案例，如可再生能源的利用、循环经济等。

四、学习与成长类

1.《阅读，打开知识的大门》

强调阅读的重要性，介绍一些适合青少年阅读的图书，如文学作品、科普读物、人物传记等，鼓励同学们多读书、读好书。

2.《兴趣爱好，让生活更精彩》

介绍你的兴趣爱好，如绘画、音乐、运动等，谈谈兴趣爱好对你成长的影响，鼓励同学们培养自己的兴趣爱好。

3.《挫折与成长》

讲述你在成长过程中遇到的挫折和困难，以及你是如何克服的，让同学们明白挫折是成长的必经之路。

4.《梦想，照亮前行的路》

介绍一些名人为实现梦想而努力奋斗的故事，鼓励同学们勇敢追求自己的梦想。

五、社会与责任类

1.《志愿者活动，传递爱心与温暖》

介绍你参加过的志愿者活动，如社区服务、环保活动、关爱弱势群体等，让同学们了解志愿者活动的意义和价值。

2.《关爱老人，弘扬美德》

讲述老人的生活现状和需求，如行动不便、健康问题等，倡导同学们关爱老人，弘扬中华民族优秀传统美德。

3.《团队合作的力量》

通过一些团队活动的案例，如体育比赛、科技竞赛等，阐述团队合作的重要性和方法，培养同学们的团队合作精神。

六、励志与榜样类

1.《我的偶像，我的榜样》

分享你的偶像的故事，重点讲述他们的成功故事和优秀品质，鼓励同学们向榜样学习。

2.《坚持就是胜利》

通过一些成功人士的案例，阐述坚持的重要性，鼓励同学们在学习和生活中坚持不懈地努力。

3.《勇敢面对挑战，超越自我》

讲述一些主题为勇敢面对挑战、超越自我的人物故事，鼓励同学们勇敢面对生活中的困难和挑战。

七、校园生活类

1.《我的校园生活，多彩又有趣》

分享在校园的学习、生活和社交经历，如参加社团活动、与同学相处等，让同学们感受校园生活的美好。

2.《我的课余生活，我做主》

介绍你的课余生活，如阅读、运动、旅游等，让同学们了解如何合理安排课余时间，丰富自己的生活。

3.《我的老师，我的引路人》

讲述你与老师的故事，让同学们感恩老师的付出，尊重老师的劳动。

4.《未来的学校，会是什么样子？》

想象未来学校的教学模式、课程设置、校园环境等，引导同学们想象未来的教育是怎样的。

5.《责任与担当，青少年的使命》

探讨青少年的责任和担当，如对自己、对家庭、对社会的责任，让同学们认识到自己的使命，努力成长为有责任感的人。